JN303988

［マルティプルインテリジェンス］

脳科学を活かした授業をつくる
子どもが生き生きと学ぶために

本田恵子［著］　日能研［執筆協力］

C.S.L.
The Center for the Study of Learning

はじめに

「授業がわからない」「授業がつまらない」という子どもが増えています。ゆとり教育や総合的な学習など、さまざまな取り組みをしているにもかかわらず、「勉強ぎらい」の子どもたちが増え、学力低下が叫ばれるのはなぜなのでしょう。少し前までは、勉強がきらいでも友だちづきあいや先生が好きだったので「学校は好き」でいられたのですが、学校そのものが「うざったい」「つまらない」ときらわれるようになっています。不登校児やキレやすい子の課題も抱えている上に、ＡＤ／ＨＤやＬＤなどの軽度発達障害児への対応も必要です。

　先生方は、入念に準備をして資料を集めて授業に臨んだり、子どもの心にひびくことばを集めて学級活動や道徳教育、生徒指導に当たっています。それにもかかわらず、熱心な先生ほど、生徒とのすれ違いが増えています。「あの子は何を考えているのかわからない」「感情がつかめない」「話が通じない」「今までの指導が通用しない」生徒と次第に心が離れて、双方とも元気がなくなっているのです。

　子どもたちにいったい何が生じているのでしょうか？　本書は、このような疑問の答えを探り、「子どもが生き生きする授業づくり」を進めることを目的としています。著者は、不登校児やキレやすい子、ＡＤ／ＨＤ、ＬＤなどの軽度発達障害の生徒と接するうちに、子どもたちの脳の発達が変化していることに気づきました。また、この現象は日本だけではなく、アメリカ・イギリスなどでも10年ほど前から起こっており、これらの国々では危機意識が高まり、脳科

学に基づいた授業展開がなされていることもわかりました。2001年、著者は、教師、スクールカウンセラーらとともに、ニューヨークとボストンでMI理論（Theory of Multiple Intelligences）に基づいて授業展開をし、学校を立て直した小・中・高校を研修訪問しました。以来3年間、アメリカの先駆的実践者を日本に招聘して、現場の先生方向けに研修会を実施していく中で、脳科学に基づいた授業展開の方法を模索してきました。

　本書は、まず、第1・2章で子どもの「言語」「思考」「情緒」「行動」をコントロールしている脳の働きに対する理解を深めます。右脳、左脳の働き、マルティプル インテリジェンス（MI）の8つの要素の理解、そして、それらを活用している認知構造の理解へと進みます。第3章は、MIを用いた授業の実践例を紹介します。第4章では、第3章で実践されている授業がどのように組み立てられているのか、授業案のつくり方を紹介していきます。

　本書を通じて、子どもたちが偏った使い方をしている脳のバランスを取りもどし、先生も生徒も生き生きと授業が進められる方法をいっしょに考えていけることを願っています。

　　2006年春

　　　　　　　　　　　　　　　　　　　　　　　　　　筆者

本書の構成と使い方

　本書は、「理論編」と「実践編」に分かれています。授業のつくり方について基本的なことから確認していきたい場合、MIを詳細に知りたい場合、実践する方法を知りたい場合など、ニーズによって使い分けることができるように構成されています。MIに関するよくある質問例を下記にあげておきますので、参考にしてください。

Q1 MIって何ですか？

　Multipul Intelligence（マルティプル インテリジェンス）の略語で、日本語では「多重知能」や「マルチ知能」と訳されています。人間の行動、思考、感情を8つの側面からとらえたものです。8つの要素には、「言語・語学」「論理・数学」「視覚・空間」「身体・運動」「音楽・リズム」「内省」「対人」「博物学」があります。「理論編」第2章に詳細が説明されています。

Q2 MI理論は知っているので、現場でどのような実践をしているのかを教えてください。

　1つの授業に8つの知能を組み入れる場合と「総合的な学習」として複数の教科で行う場合があります。それぞれの現場実践の例を「実践編」第3章で解説してあります。また、実践の途中で理論と照らし合わせる場合は、「理論編」第2章を参照してください。

Q3 MIに基づく授業を自分で展開してみたいのですが、どうやって授業案をつくったらいいのでしょう？

　生徒のMIが活性化するためには、8つの知能のうちのどの知能を授業に組み込むかが大切です。1単元を8から10に分け、それ

ぞれにバランスよく8つの知能が配分されるようにしてみてください。授業案をつくるにはＭＩホイールを活用することを薦めます。授業案のつくり方は、「実践編」第4章第4節にあります。

Q4 生徒がどのような知能を使っているかを知るには、どうしたらいいのでしょうか？

　生徒がどのような知能を使っているのかは、生徒の行動やノートのとり方、気持ちの表現の方法などの行動観察を通じて理解できます。また、自己判断のチェックシートもあります。見立て方については、第1章14・15ページのＭＩホイールをまず見てください。生徒が使っている知能をチェックできます。詳細を知りたい場合は、「実践編」第4章第1節を参照してください。

Q5 脳科学というと医学的な分野に思えるのですが、授業とどう関係があるのでしょうか？

　脳科学にはいろいろな研究分野があります。この本では、子どもたちが目、耳、手などから情報を集めたり、理解したり、表現したりするときに、脳がどのように働いているのかを紹介しています。「聞き落とし」や「聞き間違い」、「見間違い」などがある子どもは、どういう視点で物事を見ているのか、聞いているのかを8つの知能のバランスとの関係で考察していきます。また、「考える力」がうまく働いていない子どもの脳の働きを知ることで、どの機能に働きかけたらよいかを考えるヒントにします。そして、一人ひとりの脳にとって最も適した方法で学習を進める方法を探していきます。脳科学については、「理論編」第1章を参照してください。

もくじ

はじめに……………2
本書の構成と使い方……………4

理論編

第1章 わかりやすい授業とは……………**9**
第1節 **子どもの脳が変化している**……………10
　1．右脳型の子どもと左脳型の子ども……………10
　2．マルティプル インテリジェンスとは？……………12
　3．MIを活用する効果……………13
　4．認知構造の理解……………17
第2節 **子どもが生き生きする授業とは？**……………27
　　　授業の主役はだれでしょう？……………27
第3節 **学習成果に関する要因**……………29
　1．教師自身の要因……………31
　2．生徒側の要因……………35
　3．教室環境の要因……………38

第2章 MIの理解と伸ばし方……………**41**
第1節 **言語・語学的知能(Language Smart)**……………42
　1．言語・語学的知能とは？……………42
　2．言語・語学的知能の発達……………44
　3．言語・語学的知能を伸ばすには？……………45
第2節 **論理・数学的知能(Logic Smart)**……………50
　1．論理・数学的知能とは？……………50
　2．論理・数学的知能の発達……………51
　3．論理・数学的知能を伸ばすには？……………52

第3節　**視覚・空間的知能(Picture Smart)**……………………60
　　　1．視覚・空間的知能とは？……………60
　　　2．視覚・空間的知能の発達…………………61
　　　3．視覚・空間的知能を伸ばすには？……………………62
　第4節　**身体・運動的知能(Body Smart)**……………………70
　　　1．身体・運動的知能とは？……………70
　　　2．身体・運動的知能の発達…………………71
　　　3．身体・運動的知能を伸ばすには？……………………73
　第5節　**音楽・リズム的知能(Music Smart)**……………………76
　　　1．音楽・リズム的知能とは？……………76
　　　2．音楽・リズム的知能の発達…………………76
　　　3．音楽・リズム的知能を伸ばすには？……………………79
　第6節　**内省的知能(Self Smart)**……………………………81
　　　1．内省的知能とは？……………81
　　　2．内省的知能の発達……………81
　　　3．生徒の内省的知能を伸ばすには？……………84
　第7節　**対人的知能(People Smart)**……………………………86
　　　1．対人的知能とは？……………86
　　　2．対人的知能の発達……………86
　　　3．対人的知能を伸ばすには？………89
　　　4．授業中に対人的知能を活性化させる方法……………91
　第8節　**博物学的知能(Nature Smart)**……………………………92
　　　1．博物学的知能とは？……………92
　　　2．博物学的知能を伸ばすには？……………92
　　　3．博物学的知能を授業で活性化させるには？……………94

● 実践編

第3章　MIを活用した授業の展開事例……………**97**
　第1節　1つの授業で8つの知能をどう活かすか……………98

1．アメリカの小学校における展開事例（国語）……………98
　　2．日本の小学校での展開事例（道徳）……………105
　　3．日本の小学校での展開事例（算数）……………112
　第2節 **総合的な学習における展開事例**……………………………137
　　1．中学校における実践例……………137
　　2．高等学校における実践例……………148

第4章 MIを活用した授業づくり……………**153**
　第1節 **自分のクラスの生徒の知能傾向を知る**……………154
　　1．行動観察による理解……………155
　　2．質問紙による理解……………156
　　3．担当している教師からの聞き取りによる理解………158
　第2節 **活性化している知能と伸ばしたい知能を見立てる演習**…159
　　1．活性化している知能を見立てる……………159
　　2．伸ばしたい知能を見立てる……………163
　第3節 **伸ばしたい知能に上手に働きかけるには？**……………170
　　1．活性化していない知能を上手に伸ばす……………170
　　2．「身体・運動」知能が活性化しているグループへのアプローチ………174
　　3．「言語・語学」「音楽・リズム」「視覚・空間」「対人」
　　　　知能が活性化しているグループへのアプローチ…………176
　第4節 **授業プランの立て方**……………180
　　1．授業プランの立て方の概要……………180
　　2．1時間の授業案の組み立て方……………185
　第5節 **MIを活かした授業案の例**……………197
　　1．社会科における展開例……………198
　　2．理科における展開例……………208
　　3．算数における展開例……………218
　第6節 **ワークシート集**……………228
　　1．国語の授業で論理・数学的知能を育てる……………228
　　2．算数の授業で論理・数学的知能を育てる……………232

謝　辞……………238

理論編

第 **1** 章

わかりやすい授業とは

「授業がわからない」「つまらない」という子どもたちに「わかりやすい授業」「もっと知りたいと思う授業」を展開するには、どのようなことを理解しておく必要があるのでしょう？　本章では、まず、「わからない」「つまらない」と感じている「脳」の働きについて理解していきます。その上で、子どもが生き生きするような授業を展開するために必要な要素について説明していきましょう。

第1節 子どもの脳が変化している

1 右脳型の子どもと左脳型の子ども

　脳には、右脳と左脳があります。右脳の働きが活発な子どもは、図1－1のように直感的・主観的です。彼らは視覚・感覚、運動能力や直観力に優れているので、活動的で発想力に富みますが、ものごとのとらえ方が「全体的」で「漠然」としています。「結果が同じならば、どのようなやり方で到達してもいいじゃない」という考え方をしますから、臨機応変にやり方を変えていくことができる一方、「なぜそれをしたいのか」「どうすればいいのか」を考えたり、「どのような因果関係があるのか」という理論づけをするのは苦手です。例えば、友だちの顔やいっしょに遊んで楽しかったことは覚えているけれども、その子の名前やなぜそこにいたのかなどは関心

図1－1　右脳と左脳の働き

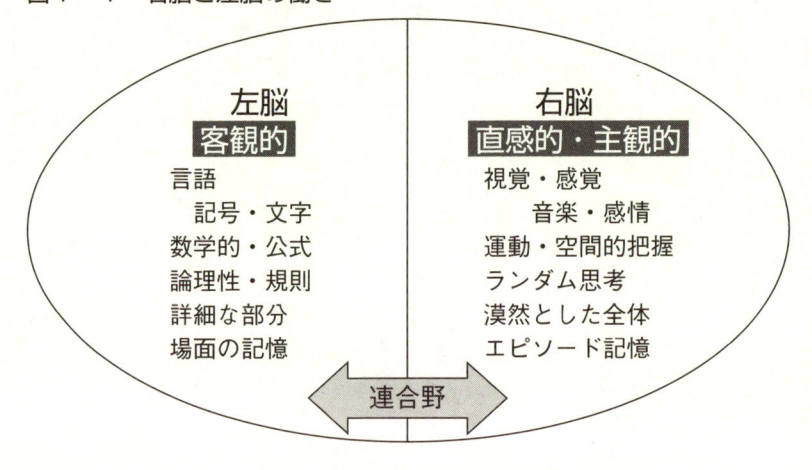

左脳 客観的	右脳 直感的・主観的
言語	視覚・感覚
記号・文字	音楽・感情
数学的・公式	運動・空間的把握
論理性・規則	ランダム思考
詳細な部分	漠然とした全体
場面の記憶	エピソード記憶

←連合野→

がありません。また、漢字は読めるけれども正しく書けないことがあります。これは、漢字を全体的な形としてとらえたり、文章の前後関係で読んでいるので、1つ1つの偏やつくりなどを記憶していないためです。

　これに対し、左脳が活発な子どもは、客観的にものごとをとらえたり、書きことば（文字言語）で学習したりすることが好きです。彼らは、結果に到達するまでのプロセスを大切にするため、1つ1つのやり方を確認したがります。また、ものごとを詳細にとらえる傾向があるので、ことばをたくみに操りながら、理路整然と話を展開します。

　近年、右脳型の子どもが増えているといわれていますが、それはなぜなのでしょうか？　これは環境の変化による影響が大きいようです。子どもたちは、生まれたときからカラーテレビ、ＣＤ、コン

図1－2　右脳型の子どもと左脳型の子どもでは問題の解き方が違う

ピュータなどに囲まれ、視覚や聴覚を刺激される経験が増えています。また、ボタン1つで操作できる電気スイッチ、エレベーター、調理器具など家庭での日常生活の中においてデジタル化された体験が多いため、従来のプロセスが軽視されがちです。

　学習面においても、電子辞書で調べたい項目にすぐにアクセスできますし、インターネットではクリックひとつで次々とネット上の世界を飛び回ることができますから、ランダム思考が発達しやすくなります。このように、日常的に多くの情報を受けていたり、さまざまな体験をしているので、1つのことをじっくり掘り下げる体験は少ないようです。そのため、体験したことを言語に置き換えたり、「なぜだろう？」「どういう仕組みなのだろう？」と関係性を考えたりする力が発達しにくいのです。これに対し、文字文化でじっくり育ってきた左脳型の親や教師は、子どもたちが「なぜ考えられないのか？」「なぜ、細かく考えようとしないのか？」について理解しがたい状況が生じてしまうのです。

2　マルティプル インテリジェンスとは？

　脳を全体的にバランスよく発達させるために開発されたのが、ハワード・ガードナーのマルティプル インテリジェンス（以下MI）モデル(1983)です。ガードナーは脳の働きを8つの知能として説明しました（14・15ページの図1－4参照）。言語・語学、論理・数学、内省、博物学という左脳を中心とする知能と、音楽・リズム、身体・運動、視覚・空間、対人という右脳を中心とする知能です。

　それぞれの知能によって、情報の受容や処理の仕方が異なるため、子どもたちの脳をバランスよく発達させるような学習方法を展開していくと、授業や友だちの伝えたいことがわかりやすくなります。その結果、学習意欲が増し、人間関係も活発にすることができるわ

けです。詳細は第2章で解説しますので、ここでは、8つの知能を使うとどんなことができるのかを理解してください。

3　MIを活用する効果

　MIを活用すると、どのような効果が学習に現れるでしょうか？エドガー・デールは、記憶のピラミッドを作成（1969）し、どのような学び方をすると最も記憶に残りやすいかを調べました。この図では、読んだことの10％、見たり、聞いたりしたことの50％、話したり、行ったりしたことの90％と使う知能が多いほど学びは促進されることを示しています。

図1-3　記憶のピラミッド
24時間後にどの程度記憶しているか？

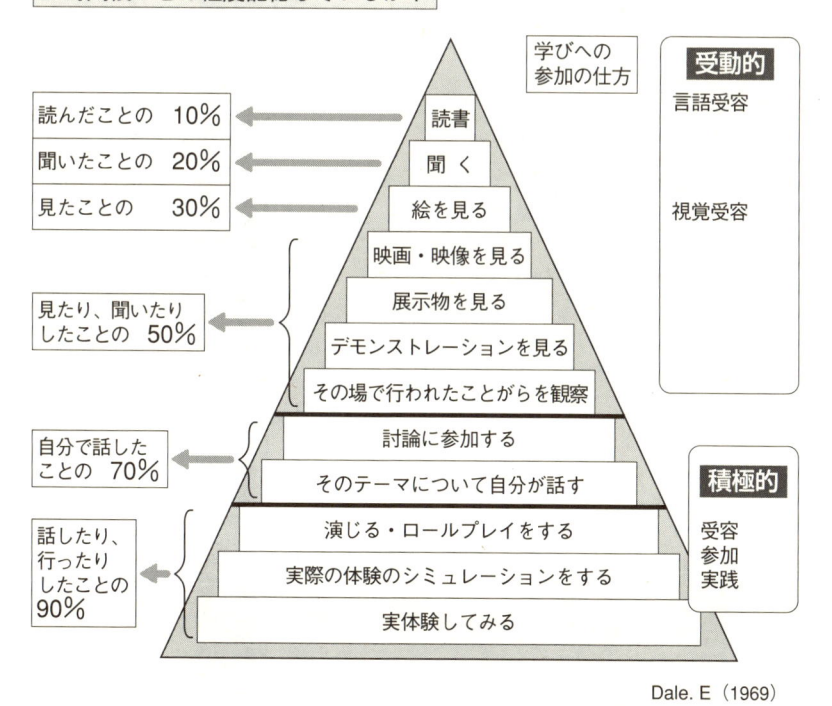

読んだことの　10％　← 読書
聞いたことの　20％　← 聞く
見たことの　30％　← 絵を見る
　　　　　　　　　　映画・映像を見る
見たり、聞いたり　　展示物を見る
したことの　50％　　デモンストレーションを見る
　　　　　　　　　　その場で行われたことがらを観察
自分で話した　　　　討論に参加する
ことの　70％　　　　そのテーマについて自分が話す
話したり、　　　　　演じる・ロールプレイをする
行ったり　　　　　　実際の体験のシミュレーションをする
したことの　　　　　実体験してみる
90％

学びへの参加の仕方

受動的
　言語受容
　視覚受容

積極的
　受容
　参加
　実践

Dale. E（1969）

図1-4　MIホイール

■ リズムで学ぶ　　　　　　　　　　　　　　　音楽・リズム的知能
歌をつくる、作曲してみる、フレーズをつくる、
覚え歌をつくる（メロディーに歌詞をのせる）、
リズムをつくる（音数をそろえる）、
抑揚をつける（読む、覚える、韻を踏む、ラップ）、
語呂合わせ、イメージに合わせた音を選ぶ、
音楽に合わせてダンス、
合いの手

■ 体験を通して学ぶ　　　　　　　　　　　　身体・運動的知能
実際にやる（される）、
振りつけをする、
ジェスチャーをする、
ロールプレイ（役割を決めて演技）、
ダンス、機材を使う、
皮膚感覚を使う、
ネイチャーゲーム、演じる、まねる、なりきる

■ 意味を考えながら学ぶ　　　　　　　　　　言語・語学的知能
語呂合わせ、韻を踏む（ラップ）、
歌詞をつくる、覚え歌、
書く、読む、話す（スピーチ・発表・説明）、
駄洒落、名前・日付・地名・詳細なことを文字で覚える、
別のことばに言い換える、ナレーション、
要約する、ディベート、
レポートをまとめる

■ 自分の発想から学ぶ　　　　　　　　　　　内省的知能
日記を書く、個人作業、
自分のペースでやる、
自分の思考をマインドマップにしてみる
（思考のプロセスに注目する）、
自分を振り返る、
もし自分だったらと想起して考えてみる、
自分の好きなものについて考える

14——第1章　わかりやすい授業とは

対人的知能

やりとりから学ぶ
相手に説明・発表・スピーチする、ディスカッション、ディベート、相手に質問する・確認する、インタビュー、ブレーンストーミング、グループに分かれて活動（話す・つくる）する、協力、協働、他の人に教える、援助を求める、フィードバックする・受け取る、共有する

論理・数学的知能

理屈を考えながら学ぶ
ものをつくる、組み立てる、分類する、分析する、暗号の解読・作成、仮説を立てる（提示されたデータの分析）、フローチャートにする、流れ図をつくる、ある事実・状況に基づく予測・仮説を立てる、三段論法で説明してみる、計算する（記号化する）、数学的な操作（きまり・法則にのっとって処理する・実施する）、演繹的

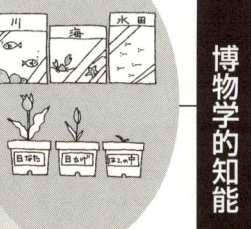

博物学的知能

いろいろなものを学ぶ
ものをつくる、比べる、調べる、区別する、自分で視点を決めて分類する、仮説を立てる（自分で集めた事例をもとに）、データ収集、観察する、実験する（結果を自分の経験や現状と結びつける）、帰納的

視覚・空間的知能

写真や図を使って学ぶ
ものをつくる（道具・機材を使って）、マインドマップづくり、絵を思い浮かべる、絵をかく、色を塗る（選ぶ・かく）、写真や絵・映像を見る、地図をかく、模型をつくる、見る、俯瞰・鳥瞰・全体を見る、地図を見る、地図を読む、図にする、実物を見る、三次元 ⇄ 二次元への書き換え、知っている物の形を結びつける、チャートでとらえる

では、脳の活性化の状態を体験するために次のワークをしてみてください。

> 〔ワーク〕 2人1組で実施します。
> ① 記憶のピラミッドの図（13ページの図1－3）を1分間眺めて、記憶してください。
> ② 次の1分で、記憶した内容を紙に書き出してください。
> ③ 次の1分で、自分が書き出した内容を2人で話し合って、図を完成させてください。
> 〔振り返り1〕 ①～③のどれが一番長く感じましたか？
> 〔振り返り2〕 ①～③のどれが一番短く感じましたか？
> 〔振り返り3〕 ①～③のどれが内容を一番理解できましたか？

ワークをして、まず気づくのは①～③で感じる時間の進み方が違うことです。このワークは、8つの知能の使い方によって心理的な時間の長さが変わることを理解してもらうためのものです。①が最も長く、③が最も短く感じたのではないでしょうか？　3つとも主体的にかかわってはいますが、①の状態は、書かれた文字を見る、図を見るという「言語・語学」、「視覚・空間」知能が中心になります。見ながら図形の数や文字同士の関係性を分析していた人には、「論理・数学」知能が働いています。

②の状態では、覚えたものを書き出すという作業をしていますから、使っている知能は「言語・語学」、「視覚・空間」、「論理・数学」、「身体・運動」、「内省」知能です。しかし1分間全体を「見ていた」はずなのに、記憶しているのは20％程度だったと思います。

③の状態ではペアの相手の話を聞いたり、書いたものを見たりしながらお互いの記憶を比較しているわけですから、②の状態に、

「対人」「音楽・リズム」「博物学」知能が加わっています。8つの知能がほぼ出揃っていることになります。このように子どもが主体的に活動していると、脳は活性化されるので、時間が短く感じられるのです。MIを授業に活用するとこのような効果が期待できます。

4 認知構造の理解

前項で紹介したMIの8つの知能は、それぞれが独自の働きをしているわけではなく、20ページの図1-6に示すような認知構造の中で機能を発揮しています。認知構造というのは、私たちが情報を入手してから表出するまでの脳の中のプロセスを示したものです。これは、MIを理解し、効果的に活用する基礎知識となります。少し難しいと感じるかもしれませんが、脳の中で情報がどのように処理されるのかについて理解を深めたいと思います。

1──情報の入力の方法

① どの器官から情報を得ているか？

私たちは、目（視覚）、耳（聴覚）、手・身体（触覚）の3つで約85％の情報を入手しています。目から入手するものには、絵、映像、文字があります。耳から入手するものには、音（自然界の音や人工的な音、人の声）があります。また、手や身体からは、温度・味覚・触覚などのさまざまな感覚に関係する情報が入手されます。したがって、まず、子どもたちがどの入力器官を主に活用しているかを理解する必要があります。耳からの聴き取りが苦手な子どもに対して、話しことばでの指示を続けても情報を入手していないわけですから、指示に従うことはできません。一方、目から（文字や絵）の入力が苦手な子どもに対して、本を読んで理解することを薦めても不安が高まるばかりです。感覚過敏でちょっと触れられてもびっ

くりしてしまう子どもの場合は、身体接触をする前に何をするかをことばで伝えてあげる必要があります。

図1-5　情報の集め方は、子どもによってさまざま

② どうやって、情報を受け入れているか？

　入力された情報は、次の「受容」機能に移されます。「受容」においては、情報は、目、耳、触覚から入ったままのデータの状態です。ここで、情報の取捨選択が行われて、次の「情報処理過程」に送られます。

　右脳型の子どもは全体像を漠然ととらえますが、左脳型の子どもはある一部のみを詳細に取り入れます。「視覚・空間」知能が優勢なら絵として受容し、「論理・数学」知能が優勢なら、自分が調べたいものと関係のある情報を集めます。このように、同じ情報でもどの知能が活性化しているかにより、どの部分を受け入れるかが異なるのです。

　「受容」の状況に影響を与えるもう1つの要因に情緒の状態があ

ります。例えば、不安が高い子どもは、初めてのことに対して「できない」「わからない」と思い込むことによって「受容」機能にシャッターを下ろしてしまいがちです。この場合、本来は認知能力があるのに、情報処理のカテゴリーに進むことができなくなってしまいます。興奮しやすい子どもの場合も同様です。こういう子どもたちには安心できる教室環境を整える必要があります。

2――記号化

　情報を「受容」したら「記号化」機能に入ります。「記号化」というのは、入力した情報をどのような形にして情報処理過程に乗せるかを決める作業です。記号化の方法には大きく分けて2つあり、入力した情報を「そのままの形」にしておくものと、ことばに置き換えるものです。また、情報をそれぞればらばらに記号化する場合（例０９０３４××○○○○）と、情報を組み合わせていくつかのグループにして記号化する場合（例０９０－３４××－○○○○）があります。

　「そのままの形」の記号化では、「見たものは見たまま」「聞いたものは聞いたまま」「触ったものは触ったまま」です。一方、入力した情報を「ことば」に置き換える場合は、「見たものをことばに」「聞いたものをことばに」「触ったものをことばに」します。

　例えば、「先生が突然教壇から降りて、教室の中を歩き出す」という状況があったとします。この情報を「そのまま」の状態で記号化する生徒の場合は、この文の状況のまま「短期記憶」に貼りつけます。「見たまま」の生徒は、教師の姿をぼおっと目で追いかけます。この生徒に「先生は、今何をしていると思う？」とことばでたずねた場合、「え？　先生は、教室を歩いているんでしょ」とのみ答えるでしょう。

図1－6　認知構造図

問題行動が生じるまでの経過・経緯（認知モデル）の理解

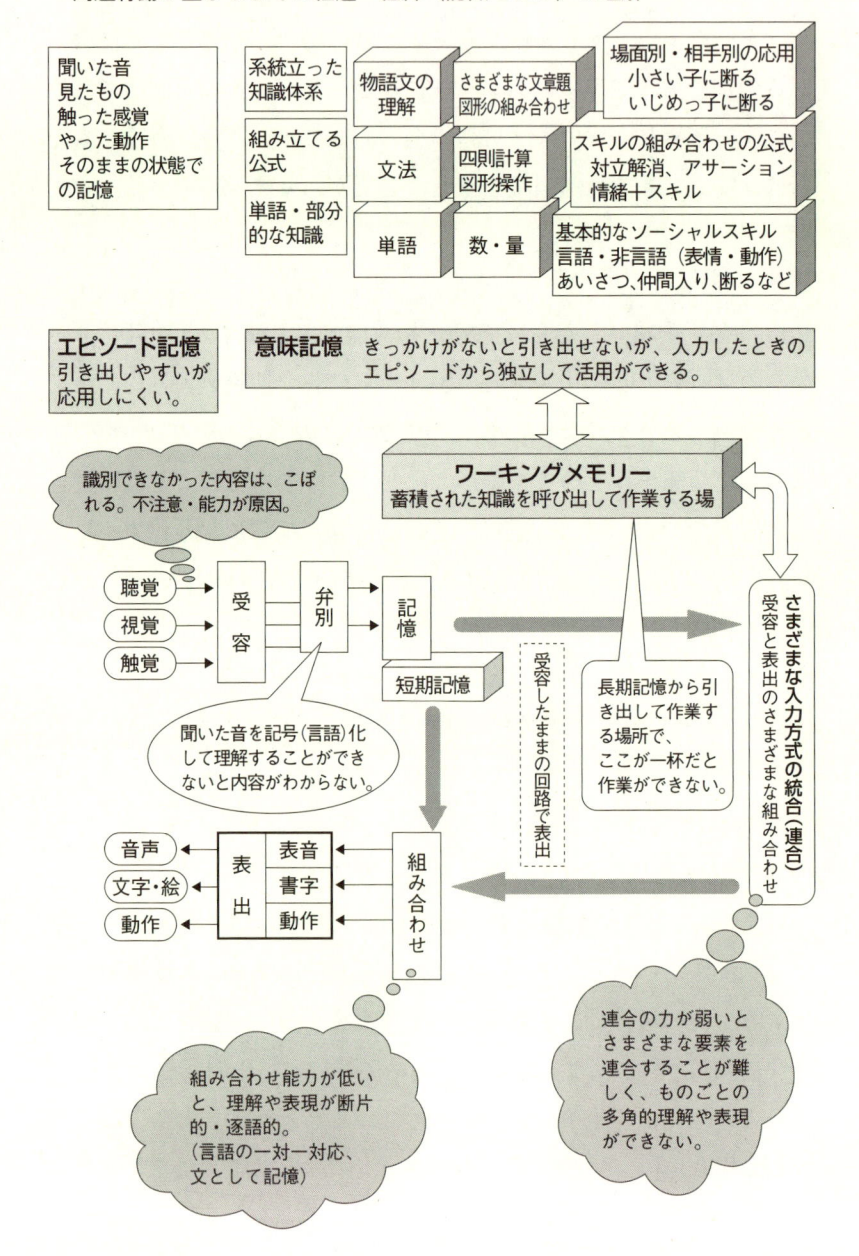

聞いた音 見たもの 触った感覚 やった動作 そのままの状態での記憶	系統立った知識体系	物語文の理解	さまざまな文章題 図形の組み合わせ	場面別・相手別の応用 小さい子に断る いじめっ子に断る
	組み立てる公式	文法	四則計算 図形操作	スキルの組み合わせの公式 対立解消、アサーション 情緒＋スキル
	単語・部分的な知識	単語	数・量	基本的なソーシャルスキル 言語・非言語（表情・動作） あいさつ、仲間入り、断るなど

エピソード記憶
引き出しやすいが応用しにくい。

意味記憶　きっかけがないと引き出せないが、入力したときのエピソードから独立して活用ができる。

ワーキングメモリー
蓄積された知識を呼び出して作業する場

識別できなかった内容は、こぼれる。不注意・能力が原因。

聴覚／視覚／触覚 → 受容 → 弁別 → 記憶／短期記憶

聞いた音を記号（言語）化して理解することができないと内容がわからない。

受容したままの回路で表出

長期記憶から引き出して作業する場所で、ここが一杯だと作業ができない。

さまざまな入力方式の統合（連合）
受容と表出のさまざまな組み合わせ

音声／文字・絵／動作 ← 表出（表音／書字／動作）← 組み合わせ

組み合わせ能力が低いと、理解や表現が断片的・逐語的。（言語の一対一対応、文として記憶）

連合の力が弱いとさまざまな要素を連合することが難しく、ものごとの多角的理解や表現ができない。

一方、同じ状況を見て、「先生はおこっている。だれかを注意しに行くんだ」と答える生徒もいます。この生徒の場合は、目で見た教師の動作や表情（視覚情報）と歩いているときの雰囲気（その他の感覚情報）の両方を「ことばに置き換える」ことをしています。

　前者は1つの知能を使っての一対一の記号化、後者は複数の知能を使った多角的な記号化をしています。

3——記　憶

　「記号化」された情報は、「記憶」の機能に貼りつけられ、①短期記憶、②長期記憶、③ワーキングメモリー（作動記憶）の3つの処理過程を経ることになります。記憶力を増すためには、多角認知が必要です。13ページで説明した「記憶のピラミッド」において「読んだだけ」「聞いただけ」「見ただけ」の場合は、24時間後には10〜30％程度しか内容を覚えていなかったことからもわかります。ＭＩが活用される理由は、いろいろなアプローチをするために、情報を記憶しやすいためです。1つの情報にさまざまな知能でアプローチしているので、どの刺激が与えられても学んだ内容を思い出しやすくできるからなのです。

①　短期記憶とは？

　短期記憶というのは、数秒から数十秒間、情報を貼りつけておける記憶の機能のことです。短期記憶では、3つの処理がなされています。「消去される」「処理を経ないでそのまま表出される」「ワーキングメモリーに載せて情報処理機能が加わる」です。記憶の方法としては、入力方法と同様で、聴覚記憶（耳で聞いた音を覚える）、視覚記憶（目で見たことを覚える）、感覚記憶（触ったり、感じたりするものを覚える）があります。

② 長期記憶とは？

長期記憶には、1)「エピソード記憶」と2)「意味記憶」があります。MIとの関係では、「身体・運動」「視覚・空間」「音楽・リズム」「対人」知能が働くと、一般的にエピソード記憶として記憶されやすく、「言語・語学」「論理・数学」「内省」「博物学」知能が働くと、意味記憶として記憶されやすいようです。

1) エピソード記憶

「エピソード記憶」というのは、見たり聞いたり、感じたりしたことが一連の体験として記憶されたものです。エピソード記憶が強い人は、できごとをストーリーで呼び起こします。学習した内容よりも、「どこで学習したのか」「そのとき先生はどんな服を着てどんな動きをしていたか」「話した内容」などが映画のように思い起こされるのです。歴史や小説の内容を細かく覚えられる生徒はこの能力が優れています。ただし、そのエピソードにどのような意味があったのかは考えていません。道徳教育でグループ活動を導入することに対する反対意見が出るのは、活動に意味づけができないまま「楽しかったね」「あのゲームをまたやろうよ」というエピソード記憶で終わってしまいがちなためです。

エピソードに意味づけをするには、「振り返り」の作業を通じて言語で整理する必要があります。理科教育を重視する学校で、授業時間を70分に延長して実験後の振り返りとまとめの時間を確保するようになっているのは、このような理由からです。

「エピソード記憶」から「意味記憶」に転換していく方法については、第3章の道徳の授業実践、および、算数の授業実践などの体験学習の進め方を参照してください。

2）意味記憶

　一方、「意味記憶」では、単語や知識は関連づけられて記憶の引き出しにしまってあります。例えば、「徳川家康は何をした人ですか？」と質問されると、「徳川家康」の引き出しにアクセスして関連する情報が引き出されます。「将軍です」と答える生徒もあれば「江戸幕府を開いた人です」と答える生徒もあります。「鳴くまで待とうホトトギスって言った人でしょ」と答える生徒もあるでしょう。このように、「意味記憶」からは、同じ情報を得てもその生徒がどう意味づけてその情報を受容したかによって、開く引き出しが異なってくるのです。そのため、自分がほしい情報にすばやくアクセスできるように記憶の引き出しを整理しておく必要があるわけです。ＭＩで「博物学」知能が優れている人はこの能力に長けています。

　「意味記憶」の中には３つの引き出しがあります（20ページの図１－６認知構造図参照）。「単語」を整理しておく引き出し、「公式」を整理しておく引き出し、「統合した知識」として整理しておく引き出しです。例えば、英語の単語の意味はわかっているのに、文章の中にあると意味をとらえることが苦手な生徒がいます。同様に「進んだ距離は、速さ×時間」という公式を記憶していても、距離が別のことばに置き換えられていると公式をどう当てはめたらいいのか混乱する生徒がいます。これは、「記号化」の段階で一対一対応で処理されているので、「意味記憶」においても知識が孤立しているために生じているのです。その結果、ことばの言い回しが異なったり、いくつかの文章が組み合わせてあると知識同士を関連づけできなくなるのです。

　ＭＩを活用した学習では、「統合した知識」として記憶できるように、１つのものやできごとに対して、さまざまな知能の視点から「意味」を持たせていきます。

3）ワーキングメモリー

　ワーキングメモリーは、脳の中の作業テーブルです。「短期記憶」に貼りつけられていた情報は、そのままでは使えないので、何らかの操作が必要だと判断されると「ワーキングメモリー」上に移されます。そこで、長期記憶の中に蓄積されている情報と関連づけられてさまざまな形に変化するわけです。

　例えば、文字を読んでいても、１つ１つの文字は形にすぎません。「ワーキングメモリー」上に移して「文字同士のつながり」となることで「意味」を持ってきます。また、「音」や「映像」と結びつけられると読みながらその場のシーンが想像されたり、音読できるようになるわけです。

　「ワーキングメモリー」上での操作方法には２つの流れがあります。１つは、同じ知能内での組み立て、もう１つは異なる知能同士

図1-7　ワーキングメモリーは、頭の中の作業テーブル

をつなぐ組み立てです。同じ知能内での組み立てというのは、「文字」を「文」や「文章」にしていくというもの（「言語・語学」知能内での組み立て）です。これに対して、異なる知能同士の組み立てというのは、「文字」を「音声」や「映像」に組み立てていくというものです（「言語・語学」と「音楽・リズム」、「言語・語学」と「視覚・空間」）。異なる知能の組み立て方については、第2章各節の8つの知能を組み合わせた表で説明してありますので参照してください。

4──連合野の働き

　連合野は、右脳と左脳の働きをつなげる場所です。例えば、文字を見ると、まず、形として視覚による入力を行いますので右脳が機能します。これを「意味」と関連づけるには左脳の「言語・語学」知能にアクセスする必要があります。このときに、連合野を一度通過します。連合野の働きが優れている子どもは、瞬時に右脳から左脳へと情報が伝達されるので、見たものをさっと言語化して情報処理過程に載せることができます。ところが、右脳が優勢な場合には、そのまま感覚的に処理されて動作として表出されがちです。考える前に体が動いてしまうというパターンです。

　また、左脳で処理された情報を右脳にもどして表出するときに、もう一度連合野を通過します。この働きが弱いと、せっかく情報を処理していても運動指令が「話しことば」や「動作」、「表情」などとして表現されるのに時間がかかってしまいます。したがって、右脳と左脳の連結をよくするために、感覚統合トレーニングが行われるのです。感覚統合については、第2章の「身体・運動的知能を伸ばすには？」で解説していますので、参照してください。

5──表出

　表出過程には、「話しことば（音声）」「文字・絵」および「動作」の3通りがあります。例えば、赤い大きなりんごを見て「大きな赤いりんご！」と話しことばで答える子ども、「おいしそー」とつばを飲みこむ子ども、手にとって見とれる子どもなどがいます。絵にかいたり、いきなり食べようとする子どももいるかもしれません。

　このような反応の違いは、入力された情報が、受容、記憶、ワーキングメモリーのそれぞれの機能を経過する中で変化した結果、表れるものです。「身体・運動」知能が優れていれば、動作を用いて表現することが得意ですし、「音楽・リズム」知能が優れていれば、音や話しことばで表現するでしょう。「視覚・空間」知能が優れていれば絵や作品として表現するし、「言語・語学」知能が優れていれば、ことばや文字を用いて表現する傾向が高まります。

　また、同じ「言語」表現としても「大きな赤いりんご！」と見た通りを伝える子どももいれば、「すっごーい。こんなに大きいの見たことない！」と自分のエピソードと関連づけて感動的に話す子どももいます。

　「だれにもらったの？」や「どのくらいの重さ？」というように「論理・数学」知能と関連づけて話す子どももいるでしょう。

　このように、表出の基本は、「話しことば」「文字・絵」「動作」であっても、それぞれの表現方法は、8つの知能の組み合わせによって多様性に富んでいることを念頭に置いて、子どもたちの知能を見立てたり、育てたりしてみてください。

第2節 子どもが生き生きする授業とは？

● 授業の主役はだれでしょう？

　子どもが生き生きする授業とは、子どもの脳が活性化し、授業中にたくさんの情報を取り入れながら、自分で考えたり他者の考え方から学んだりした結果を表現することができる授業です。ところが、「授業がわからない」「つまらない」という子どもたちが受けている授業は、教師が主役になっていることが多いようです。

　こういう授業では、教師がひとりで話しながら、自分が出した問いかけに対して自分で答えています。生徒は「聞いているだけ」「板書を写しているだけ」です。生徒は受身なので、思考をつかさどる脳の部分はほとんど動いていません。生徒はじっと聞いているだけですから、教師が進めやすい授業構成、教師がかかわりやすい対人関係、教師が評価しやすいテストになり、授業中のコメントも教師が答えやすいものに限られます。こういう授業を受けていると、教師が期待するゴールに向かって、指示を待ち、指示通りに活動する生徒に育ちます。プラスに働くと「おとなしく、素直な、よい生徒」になりますが、マイナスに働くと「他者依存的で、理由を考えない、モラトリアムな生徒」が増えてしまうのです。

　それでは、生徒が主役になるとどのような授業が展開されるのでしょうか？　生徒が理解しやすい授業構成、生徒がかかわりやすい対人関係、生徒が何を学んだかが生徒自身にわかるコメントやテストなどが展開される授業になるでしょう。生徒は自分の目指すべきゴールに向かって、自発的に材料を集めるので、セルフコントロー

ル感や勤勉性が育つことになります。生徒が主役の授業は、プラスに働くと「自発的で、意欲がある、活動的な生徒」が増えます。しかし、マイナスに働くと「何をしていいかわからないで、引きこもる生徒」あるいは、「自己中心的に、自分の興味があることだけをやろうとする生徒」が現れることもあります。

　では、生徒が主役でありながらも、教育目標や、単元課題を達成するには、どのような授業を展開すればよいのでしょうか？　MIの理論を当てはめながら考えていきましょう。

図1-8　教師が主導の授業（左）と生徒が中心の授業（右）

第3節 学習成果に関する要因

　MIを十分に活用するには、学習成果に関するさまざまな要素を理解しておく必要があります。本節では、学習成果に関係する要因を1.教師自身、2.生徒、3.教室環境の3つの視点から考えてみましょう。

　「勉強しても成果があがらない」という生徒にはどんな背景があるのでしょう？　よく耳にするものに「努力が足りない」「勉強の方法やテキストがよくない」などという理由があります。これは、生徒の学習態度や学習方法に関する要因の一部ですが、はたして学習成果は生徒側の要因だけで決まるのでしょうか？　勉強ぎらいの生徒たちは「授業がつまらない」「先生が何を言っているのかわからない」あるいは「授業でやっていないことがテストに出た」と言います。学習成果をあげていくためには、1教師自身の要因、2生徒側の要因、3教室環境の要因（30ページの図1-9）を十分に理解している必要があるようです。

図1－9　学習成果に関する要因

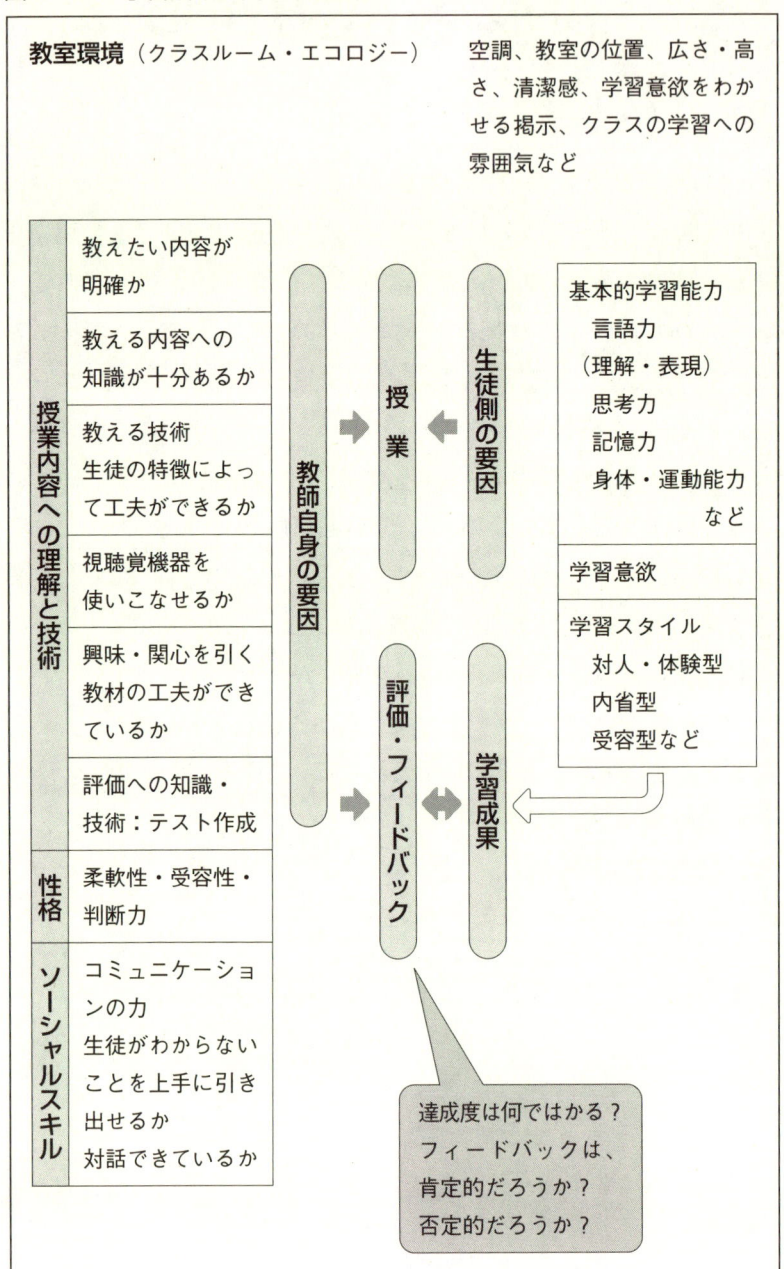

教室環境（クラスルーム・エコロジー）　空調、教室の位置、広さ・高さ、清潔感、学習意欲をわかせる掲示、クラスの学習への雰囲気など

授業内容への理解と技術	教えたい内容が明確か
	教える内容への知識が十分あるか
	教える技術　生徒の特徴によって工夫ができるか
	視聴覚機器を使いこなせるか
	興味・関心を引く教材の工夫ができているか
	評価への知識・技術：テスト作成
性格	柔軟性・受容性・判断力
ソーシャルスキル	コミュニケーションの力　生徒がわからないことを上手に引き出せるか　対話できているか

教師自身の要因 → 授業 ← 生徒側の要因
　　　　　　　　↓
　　　　評価・フィードバック ↔ 学習成果

生徒側の要因：
- 基本的学習能力
  - 言語力（理解・表現）
  - 思考力
  - 記憶力
  - 身体・運動能力　など
- 学習意欲
- 学習スタイル
  - 対人・体験型
  - 内省型
  - 受容型　など

達成度は何ではかる？
フィードバックは、肯定的だろうか？
否定的だろうか？

1　教師自身の要因

　教師側の要因には、大きく分けて3つのポイントがあります。ここでは、それぞれについてMIと関連づけながら説明しましょう。

1──何を教えるのかを明確にしておく

　教えるときに最も大切なのは「何を教えるのか」が明確であることです。その上で、教えたい内容が効果的に伝えられる知能のチャンネルを選びます。例えば、道徳の授業で「思いやりの心」を学ばせたいとき、思いやりとは何かという「定義」を教えたいなら「言語・語学」知能を中心に授業を組みます。「なぜ必要か」を考えさせたいなら「論理・数学」や「内省」知能を活用する組み立てにしますし、「実際に行動できる」ことを目的にするなら「身体・運動」や「対人」知能を活性化する授業になります。

　教科書を読んで先生の質問に答える形式の道徳の授業は「言語・語学」や「論理・数学」知能に働きかけることが多いので、このような授業を受けた生徒たちに思いやりを日常生活で実践することを期待するのは難しいようです。実践を期待するのであれば、授業の中に「言語・語学」、「論理・数学」知能に加えて「身体・運動」、「対人」知能を組み込む必要があるのです。

　一方、道徳の授業にグループ活動を加えることの是非が問われることもあります。このような指摘は、実施者が何をするかという活動そのものや手順（「身体・運動」、「対人」知能）に注目しすぎて、「何を教えるのか」「何を考えさせるのか」という目標を見失っている場合があるためです。活動に時間を取りすぎて、重要な振り返りができていない場合にこのようなことが生じますので、注意が必要です。

2──教えることに対する十分な知識

　「何を教えるのか」を明確にして授業をするためには、それがどのような知識の積み重ねなのかを理解をしている必要があります。勉強が好きでいろいろなことに対して興味がある生徒であっても、既存の知識と関連づけて教えるほうが理解は促進されます。また、特に「勉強ぎらい」の子どもは、初めて学ぶ知識に対する不安や抵抗が大きいため、興味・関心を引きつけながら彼らが理解できることばや方法を用いる必要があります。

　24÷8という「割り算」を教える場合を右のページのステップにそって考えてみましょう。これを学ぶには、割り算とは何かという「概念知識」と割り算のやり方という「手続き知識」が必要です。「概念知識」には、まず、「数の概念」があります。「2」「4」という個々の「記号の意味」と、2と4がくっついていると何を意味するのかという「記号同士の関係」の理解です。あるいは、24を見て「24は10が2個と1が4個の集まり」とわかりますが、「2」と「4」という単に1つ1つの数字がならんでいるととらえる子どももいます。単なる数字ととらえているときは、数字や位どりなどの数の概念から丁寧に教えます。

　次に割り算とは何をすることかという「概念知識」が必要になります。右のページのステップ3で「24の中に8はいくつありますか？」と言い換えられたとき、概念がわかっていない生徒は答えにたどりつくのが難しいのです。次に、式を具体的なものに置き換える作業が必要になります。「24個の飴玉を8個ずつ袋に入れるとしたら、何袋できますか？」などです。

　ここで「割り算の方法」という手続き知識が登場するのです。ただし、割り算の手続きには「足し算」「引き算」「掛け算」が含まれているため、それぞれの概念とやり方も必要になるのです。知識の

積み重ねが理解できていれば、子どもがどこでつまずいているのかが見えやすくなります。また、その際にどの知能の活用で困難を感じているのかがわかれば、異なるアプローチを取りやすくなります。

$24 \div 8 = \boxed{}$ という計算をします。

ステップ1：24は何を意味しているか？
　　①にじゅうよん　　　②2と4
　　②と答えた生徒はこの先には進めません。

ステップ2：記号同士の関係は？
　　10が2こ　と　1が4こ　の集まり

ステップ3：この式の意味をことばに置き換えると？
　　24　÷　8　＝
　　「24この中に8こずつの集まりがいくつあるか」

ステップ4：わり算の手続きは？
　○○○○○○○○○○○○○○○○○○○○○○○○
　　　　　　　　24こ
　[○○○○○○○○]
　　8こずつの集まりに分けると
　　3組できる
　　　$24 \div 8 =$　3

3──生徒の個性に合わせてさまざまな教え方ができるか

次に、同じ内容をさまざまな方法で教える技術が必要になります。また、生徒ひとりひとりの学び方の特徴やクラスがどのような生徒の集まりなのかを把握していることも大切です。さらに、それぞれのＭＩを引き出すためにどのようなクラス環境が適しているかを理

解し、活用できていることが必要です。

　例えば、「思いやり」を概念として教えてもわからない生徒には、「思いやり」を映像で見せたり、ロールプレイで体験させてみたりして、「視覚・空間」や「身体・運動」知能を用いて理解させることができます。一方、視覚的な教材を理解しにくい生徒が、さまざまな「雨温図」のグラフを見て混乱している場合には、グラフを「ことば」に置き換えて説明したり、数字に注目させて特徴をつかませたり、論理的に地形との関係を理解させたりします。

　さまざまな知能を活性化させるためには、教師自身がよく使っているＭＩと生徒のＭＩのバランスを理解しているのみならず、自分があまり使わないＭＩに対してどのような補助教材を用いて子どもに教授することができるかについて、研修しておく必要があるのです。第３章で紹介する先生方は、教科内容を十分理解した上で生徒のＭＩに合わせた授業展開をしています。

図１−10　思いやりを概念で教える方法とロールプレイなどで体験させる方法

練習：次の内容を教えるためには、どのような知識が必要ですか？
1．初めて跳び箱を飛ぶ小学校2年生に跳び箱の飛び方を教える。
2．総合的な学習の授業で、「リサイクルの大切さ」を考えさせる。
3．「一般動詞」と「be動詞」を混同して用いてしまう中学1年生に違いを理解させる。

2　生徒側の要因

　生徒の要因には、知的能力、および習得度があり、教師は本来能力である知的能力に対してどの程度の学習成果が現れているかを理解しておく必要があります。また、習得度に影響している要因として生徒の学習に対する動機づけや学習スタイルを理解する必要があります。

　図1-11は、知能指数の分布を示したものです。90〜110の範囲が標準知能であり、70未満は知的障害となります。50未満は、自立

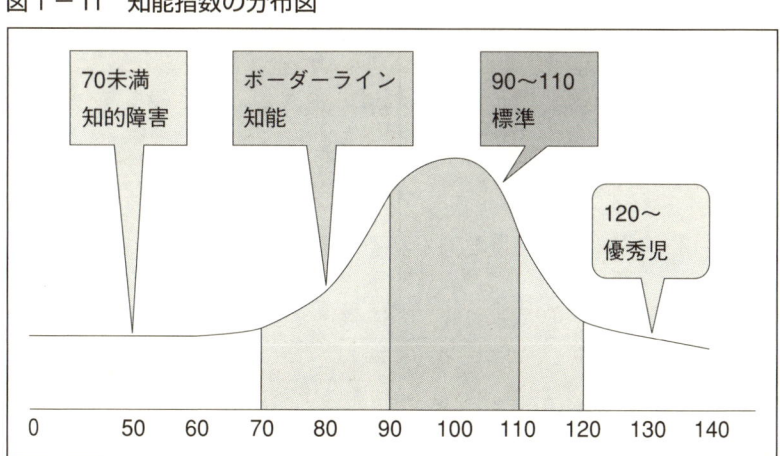

図1-11　知能指数の分布図

した生活を営むことが困難な状態なので保護を要します。また、120以上は優秀児であり、優れた学習成果が期待されます。

　これまでに、知能は多角的な性格を持っていることが明らかにされており、さまざまな知能検査を用いて測定されてきました。例えば、ウェクスラーの開発した知能検査WISC-Ⅲは、知的活動を「言語性」「動作性」に分け、言語活動に関係する知能（聴覚理解、記憶、聴覚の情報処理：類推・組み立て、話しことばでの表現、算数の暗算）と動作や作業に関係する知能（視覚理解、場面の類推、状況判断、記号化、図の分析、形の組み合わせ）を調べています。

　また、カウフマンの開発した知能検査K-ABCでは、知能を「認知処理過程」と「習得度」に分けた上で、学習成果が現れるプロセスを調べています。K-ABCの特徴は、「同時処理」といってさまざまな情報（言語・動作ともに）を同時に処理する力と「継次処理」といって情報を１つ１つ順番に処理する力を調べることです。

　知能検査は、この他にもさまざまなものがありますので、それぞれの検査がどのような知能をはかっているのかを十分に理解してから活用することを薦めます。

　ＭＩは、右脳と左脳の働きを基本にして知能を８つの要素（言語・語学、論理・数学、内省、身体・運動、音楽・リズム、視覚・空間、対人、博物学）に分けて理解しようとしたものです。また、従来の評価"How smart you are."（あなたは、なんて賢いのでし

図１−12　知的能力・環境要因・学習成果の関係

知的能力	右脳の機能
	左脳の機能

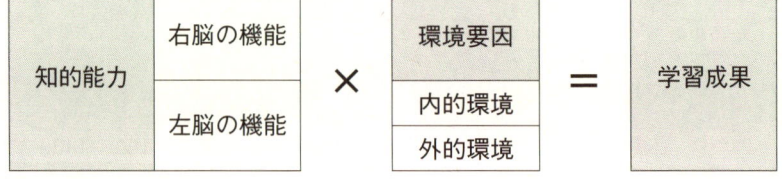

×

環境要因	
	内的環境
	外的環境

＝　学習成果

ょう）ではなく"How are you smart ?"（あなたの賢さはどのようなものですか？）をはかるものなのです。

　学習成果に影響を及ぼす生徒側の要因は、図１－12の図式のように考えてください。本来の知的能力を発達させるためには、内的環境要因として「学ぶ意欲」が必要になります。また、本人の学ぶ意欲を実現するために外的要因として「学びを支援してくれる人や教材」および「学ぶ環境」が必要になります。なぜなら、子どもが本来持っている「知的能力」にはばらつきがあるため、外的な支援がなければ優れている能力のみを使おうとしたり、未発達な能力を用いる学習を避けようとしたりするからです。

　内的環境としての「学ぶ意欲」については、さまざまな理論がありますが、簡易な検査用紙「学習意欲診断検査（ＦＩＧＨＴ）」があり、学校場面で活用しやすいものとして松原が提示しました（1994）。その要素を紹介してみます。松原は、学習意欲を見立てる上で、目に見える形で「表現される要素」と、目には見えないけれども意欲を「支える要素」に分けました。「表現される要素」には「学習への主体性」「集中力」「持続力」「回復力」の４つがあげられています。また、「支える要素」には「学習への興味」「学習への価値感」「学習への達成動機」「学習への自己能力観」があるとしています。

　生徒に「学ぶ意欲」を生じさせるためには、まず、「おもしろそう」「知りたい」という学習への興味や価値観を育てる必要があります。また、「できるようになりたい」という動機づけや「やれそうだ」という自己能力観が必要になります。ＭＩを活用する効果はここにあります。子どもの活性化している知能を用いて「動機づけ」や「興味」を高め、「やれそうだ」という能力観を持たせることから始められるからです。

外的環境としては、1で述べた「教師自身の要因」および3で後述する「教室環境の要因」があります。学習内容や達成目標は同じでも、教える側がＭＩに関する知識を十分に持った上で、生徒の知能のバランスに応じた学びのスタイルを提供することができれば、学びは充実するはずです。

3　教室環境の要因

　これは、クラスルーム・エコロジーとも呼ばれます。教室環境が子どもの学習意欲や学習成果に影響することについては「学力低下」が国家的な問題となっていた1980年代からアメリカで盛んに研究され、現在では教室の座席配置、集団と個別の空間、壁面の利用などに関するさまざまな工夫がなされています。例えば、教師から生徒への一方通行の講義形式では学習の定着率が低いという研究から、

図1－13　教室環境の工夫の例

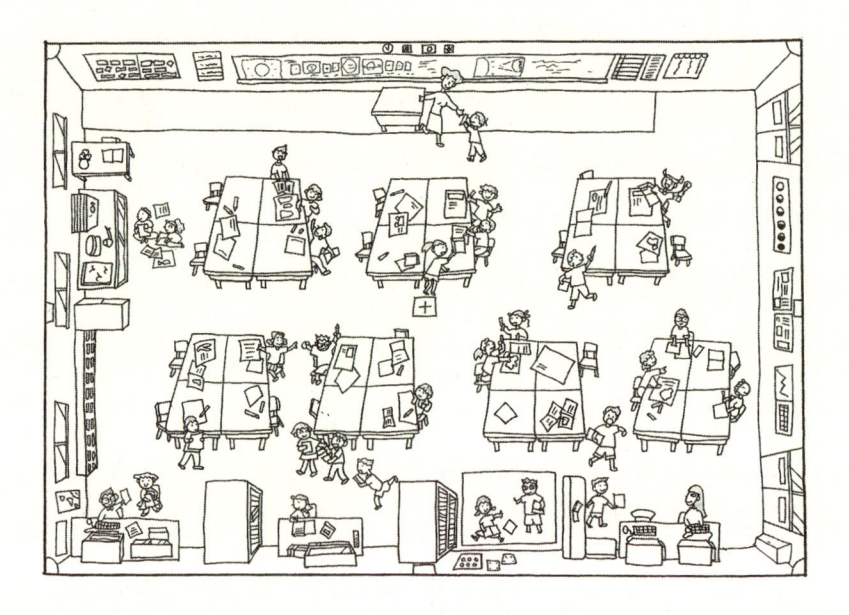

相互交流がしやすいように座席をV字やU字型に並べたり、教師が机間を歩き回りやすいように、横広の教室になっていたりします。また、集団の中にいると落ち着かない生徒のために、ロッカーで仕切られた2畳ほどのスペースがあり、同じ作業をそのスペースで行うことも許可されています。

教室の壁面の工夫としては「ワードウォール」があります。これは、学習している単元に出てくる単語を生徒が最もよく見る壁に貼ってあるというものです。通常は黒板の上になりますから、授業中に黒板を見るたびに視覚刺激としてその単語が目に入ることになります。また、教師はその単語を何度でも授業中に用いることになっているため、生徒は目と耳両方で学習すべき単語の刺激を受けることになるのです。

その他、教科内容がわかるように工夫されたポスターを壁に貼っています。ポスターには数学の単位の変換、角度、図形の面積や体積を求める公式、化学記号、星座などが掲載されています。それぞれのポスターには、わかりやすいイラストがかかれており、文字式とイラストで記憶しやすいようにできています。

脳の発達と環境の関係については、動物実験のレベルではありますが、ローゼンツバイクら（Rosenzweig et al. 1972）が立証しています。彼らは、環境の異なる飼育かごでラットを飼育した結果、単独で狭い空間にいたラットが最も脳の重量増加が少なく、次が数匹で狭い空間にいたラット、最も脳の重量増加が大きかったのが、多数のラットが同居して、さまざまな玩具や運動空間があり刺激が多い環境であったという研究結果を発表しています。つまり、さまざまな刺激により、脳内で情報を伝達する神経シナプスや樹状突起の数が増えたと考えられるのです。

一方、脳の神経細胞の研究では、ストレスの多い環境に置かれた

ツパイ（リスに似たホニュウ類）は、1週間で脳の樹状突起の量が激減したという報告も出されています。
　この結果がそのまま人間に当てはめられるわけではありません。しかし、対人関係に興味・関心を持ち、安心感や信頼感を促す働きをするセロトニン作動系のニューロンや活動を楽しむ、喜ぶ、興奮するなどの働きを促すドーパミン作動系のニューロンを発達させる効果のある教室環境を設定することにより、「勉強ぎらい」の子どもたちを支援することが可能になるはずです。
　第3節3で「教室環境の要因」を取り上げたのはこういう理由です。日本でも、文部科学省の「学級環境は、多様な教育のニーズに応えるような構成をする必要がある」という報告があります。子どもたちが「学校に行きたい」と思うような教室環境づくりが期待されます。

参考文献
Gardner, H. (1983)「Frames of Mind : The Theory of Multiple Intelligences」New York, Basic Books
Gardner, H. (1993)「Multiple Intelligences : The Tehory in Practice」New York, Basic Books
Rosenzweig, M. R. Benett, E. L. and Diamond, M. C. (1972) "Brain Changes in Response to Experience." Scientific American, 226 22-30
中嶋 公喜・加藤 八郎 編著（1998）「学習意欲を引き出す教室環境・教室壁面　高学年」明治図書出版

理論編

第 **2** 章

マルティプル　インテリジェンス
ＭＩの理解と伸ばし方

　本章では、ＭＩに含まれる8つの知能についての理解を深め、それぞれをどのように学校や家庭で伸ばすことができるのかを考えていきます。

第1節 言語・語学的知能
(Language Smart)

1 言語・語学的知能とは？

　言語の種類には、「話しことば」（音声言語）と「書きことば」（文字言語）があります。この2つを上手に使うには、「ことばを理解する力」、「組み立てる力」、「表現する力」の3つが必要です。

　例えば、耳で聞いた音は、まず「自然の音」、「楽器の音」、「ことば」などとして聞き分けられます。次に、聞き取った音を記憶して内容を正確に理解するには、単語の意味を考えたり、文の「組み立て」を理解する力が必要となります。このとき「論理・数学」と「博物学」知能が併用されます。自分の考えを話しことばで「表現」する場合は、「音楽・リズム」「身体・運動」「対人」知能が必要になります。文字で「表現」する場合には、さらに「視覚・空間」や「身体・運動」知能が加わることになります。

　このように、「言語・語学」知能を基本に、他の7つの知能を組み合わせると、さまざまな種類の言語活動が展開されます。

　言語は、意思の伝達や意見の交換など、人間が社会生活を営んでいく上で不可欠なものです。ところが、「うぜえ、消えろ」という二語ことばで感情を吐き出したり、「びみょー」というひとことで全てをごまかしてしまう子どもたちが増えています。メールの絵文字が流行し、本よりも漫画が好まれ、文字離れが著しくなっている今日、改めてことばの役割を見直し、適切なことばを育てる必要がありそうです。まず、ことばがどのように発達していくのかから理解していくことにしましょう。

表2-1　言語・語学的知能と8つの知能を組み合わせて発揮する能力

	言語・語学的知能
言語・語学	聞いたことばや見た文字を正しく理解・記憶できる。語いが豊富である。外国語を習得する。
論理・数学	文法を的確に理解する。話を論理的に理解する。読解力がある。ことばを論理的に組み立てる(論文)。PC言語のプログラミング、ディブリーフィング(事実の整理)
内省	ことばの奥にある情感、意味を理解する。1つのことを深く考える。哲学的・宗教的文章の理解・表現、自分史・日記
音楽・リズム	ことばの抑揚・強弱の意味を理解する。豊かに表現する。詩的な文章・リズミカルな文章の表現をする。譜面を読む・音楽を音符にする。
視覚・空間	視野を広げて文字を読む。文章を全体的に把握できる。見たものをことばで理解する。ことばを絵やイメージにできる。空間に合わせて文字の大きさを変化させる。情景的文章を表現する。
身体・運動	速読する。バランスのよい文字を書く。大きな声で話をする。ことばに合わせたジェスチャー、指令通りに身体を動かす。
対人	相手のことばへの興味を持つ。人のことばを素直に受け取る。相手に合わせてことばを選んだり組み立てたりする。人とのおしゃべりが好き。
博物学	聞いたことばや見た文字をカテゴリーに分ける。助詞、冠詞、時制などを正確に理解、活用できる。ことばを混同せずに選ぶ。

2 言語・語学的知能の発達

　乳児は、まず叫喚（crying）を始め、次にババババ、ブブブという唇の動きによって音が変わることを発見します。これを「喃語」と呼びます。1歳ぐらいから身近な人のことばをまねるようになり、ことばを使うと意思が伝えられることを学びます。2歳には「なになに期」に入り、周囲の物や行動、気持ちなどの名前を覚えていきます。語いを豊富にするには、「なになに期」の間に、周囲のものごとや人に対して興味・関心を広げることが大切です。ものごとを理解する語いが増えると、続く4～5歳からの「なぜなぜ期」では、できごと同士の関連づけや成り立ちに興味が広がり、ことばを組み立てる文法力や文同士を関係づける論理的能力を獲得します。

　では、「なになに期」において世の中への興味・関心が偏っていたり、「なぜなぜ期」でものごとの仕組みや関係性を考えたりする機会が少なかった場合は、どのような発達をするのでしょうか？

　興味・関心が限られていても、考え方（論理的能力）が発達していれば、特定分野について深く学ぶ姿勢や「内省力」は高まります。しかし、さまざまなことに興味はあるけれど、考え方が獲得できていないと「ことばどおり」にとってしまったり、説明が長くなって相手に伝わりにくくなったりします。

　学習障害のひとつである「言語性ＬＤ」の場合は、単語を見たり聞いたりして獲得する力に支障があります。また、単語は理解できても組み合わせられない、言いたいことや書きたいことはあるのに構音や書字ができないという支障が出ます。一方「動作性ＬＤ」の場合は、ことばの獲得はできており、文として組み立てる力も発達しているのですが、状況に応じて変化させたり、言外の微妙なニュアンスを推し量ったりする力が未発達です。そのため、「聞いたとおり」「見たとおり」に理解してしまうのです。

3　言語・語学的知能を伸ばすには？

「言語・語学」知能を伸ばすためには、ことばを「理解する力」、「組み立てる力」、及び「表現する力」が必要です。言語の発達過程を考えると、次の3つを伸ばすことが重要です。

1　単語数を増やす。
2　状況別に使えるパターンを増やす。
3　相手にわかりやすい伝え方を学ぶ。

以下にそれぞれについて具体例を紹介しましょう。

1──単語数を増やす

単語数を増やすということは、単語の種類（カテゴリー）を増やすことと、その中での微妙な単語の使い分けを増やすことです。

図2-1　いろいろな言い方を考えてみよう

方法1：カテゴリー別に単語を増やす
① 品詞別：名詞、動詞、形容詞、助詞、接続詞など
② 教科別：国語、英語、理科、社会、算数・数学など
③ 場面別：学校、家庭、地域など
④ 文語と口語：書字・字を書く、依頼・お願いするなど
（ワードウォール、単語帳、カルタなどを活用する）

方法2：多角的な表現を増やす
1つのものをたくさんの言い方で表現する練習
例：「花」＝形(丸い・とがっている)、色(赤・黄)、におい(甘い・さわやか)、仕組み(はなびら・茎・根) など

方法3：上位概念や下位概念を増やす
例1　いぬ、ねこ、うさぎ　→　哺乳類　→　生物
例2　かなしい、さびしい、うれしい　→　感情

方法4：つなぎことばを学ぶ
① 文の種類を示す語（疑問、依頼、命令、否定など）
② 複文、重文をつくる（理由、比較、含有、たとえ、反対、発展など）

方法5：同音異義・異字語、多義語を学ぶ
① 同音異議・異字のことば：「はやい」→早い・速い
② たくさんの意味のあることば→「～れる」受身、可能など。「かたづける」→整理する、処理する、嫁にやるなど

方法6：スラングや流行語を適切なことばに直す
① スラング：「マジギレ」「うぜ～」「だち」など
② 造語・流行語：「っていうか～」「ちょべりば」など

上記のように語い力が増すと、理解できる分野が広がると同時に、自分が伝えたいことを的確に表現できるようになります。

2 ── 状況別に使えるパターンを増やす

　人間関係には、「関係を開始する」「関係を維持する」「関係を発展させる」という基本的な3つのソーシャルスキルが必要です。また、上のそれぞれの段階において依頼、質問、指令、支援、拒否、対立解消などの表現を使い分けることができたり、相手によってことば遣いを変化させることも大切です。初めて会った人やまだ関係性が薄い人と話すときと、親しい間柄の人と話すときでは表現方法が異なるからです。

　特に、状況判断が苦手な子どもには、目上の人と話すときの表現や、自分の意思を明確に伝えるときのことばの組み立て方などの場面別の言い回しを丁寧に増やすことが大切です。例えば、イライラしたときの「セルフ・トーク」や対立を解消するときの「ふくろうさんの4ステップ法」（本田、2005）などが有効です。

図2-2　相手によって話し方を変えてみよう

3──相手にわかりやすい伝え方を学ぶ

　状況別に言い換えられる基礎的な語いや表現が増えたら、相手にわかりやすいように伝えるコツを学びます。次ページの６つのポイントは、どの知能が優勢な場合でも効果的です。さらに、相手のＭＩの特徴に合わせた伝え方を工夫すると、よりわかりやすくなります。

　例えば、「駅から自分の家までの行き方」を伝える場合、「視覚・空間」知能が優勢な相手には、相手が地図を思い浮かべやすいように伝えます。また、「論理・数学」知能が優勢な相手には、「どういう行き方か」を最初に伝え、「電車は何本乗り換えるか」「電車に乗る時間」「歩く時間」などを伝えて、相手が組み立てやすくします。「言語・語学」知能が優勢な相手なら「ランドマーク」になる建物をキーワードで書くという工夫もできます。

図２−３　自分ではわかっていても、話し方を工夫しないと相手に伝わらない

文章の構成	①	段落の最初に「言いたいこと」「テーマ」を伝える。
	②	具体例を入れる。
	③	段落ごとの連続性を保ったり、つなぎことばを工夫する（「まず」「例えば」「なぜなら」など）。
文の作り方	④	一文は、主語・述語を明確にして、短い文で表現することを心がけ、適宜句読点を打つ。
	⑤	能動態（○がどうする）にする。
	⑥	的確なことば（単語）を使う。

●わかりやすい伝え方の例

　下の例では、最初に「何について話すか」が明記してあります。「天真爛漫」という難しい語は、文中でやさしいことばに置き換えられた上で説明が加えられています。文は映像化しやすいように場所や状況を表すことばも多く用いられています。また、文同士の関連がつけやすいように接続詞が明確です。

　　ここで、坂本竜馬の人柄について伝えます。
　　竜馬は、<u>天真爛漫</u>でした。天真爛漫というのは、かざりけがなくて自分の気持ちに正直だということです。例えば、竜馬は将軍が目の前にいるにもかかわらず、黒船の上でぴょんぴょん飛び跳ねました。黒船に乗れてとてもうれしい気持ちを素直に表現したかったからです。また、江戸幕府の家老職についている目上の人に向かっても言いたいことを正直に伝えました。
　　それでは、このような坂本竜馬が大政奉還のときに果たした役割について、彼の人柄をもとにしながら考えていきましょう。

第2節 論理・数学的知能
(Logic Smart)

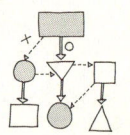

1 論理・数学的知能とは？

「論理・数学」知能は、ものごとを考えるための力です。目の前にある物やできごとを見て、その仕組みやプロセスを考えるには、パターンや相互関係を理解する力が必要になります。また、目の前にないことがらを想像したり、これから起こることを予想するときは、仮説を立てたり、推測したりする力が必要になります。

表2-2 論理・数学的知能と8つの知能を組み合わせて発揮する能力

	論理・数学的知能
言語・語学	文法を的確に理解する。話を論理的に理解する。 読解力、ことばを論理的に組み立てる（論文）。 PC言語のプログラミングをする。ディブリーフィングする（事実の整理）。
論理・数学	既存の公式や定理を分析する。 知能検査を分析する。
内省	精神分析や投影法の分析をする。独自の論理をつくり出す。
音楽・リズム	練習曲の作曲・演奏をする。コンピュータでの作曲をする。 メタリックな音楽、録音・再生システムを開発する。
視覚・空間	絵画・作品を分析する。製図の縮小・拡大・平面から立体への変換をする。視覚を用いた論理的なゲームをする。状況判断をする。
身体・運動	身体の動き・試合の攻め方などを論理的に分析する。 機械を操作する。ロボット・PCなどを開発する。行動を予測する。
対人	相手の考えを分析する。グループダイナミクスを理解・活用する。
博物学	理論を整理し、新しい理論を見つけ出す（科学の発見）。 収集物・データを整理し、展示方法を開発する。

2 論理・数学的知能の発達

　子どもたちは、「論理・数学」知能をどのように獲得していくのでしょうか？　ピアジェは、認知能力が発達する過程を、耳・目・触覚などの感覚入力と身体運動との関連で説明しています（1954）。認知能力の発達は「反射」「感覚運動期」「前操作期」「具体的操作期」「形式的操作期」という5つの段階に分かれます。この中で論理的思考ができるようになるのは、「具体的操作期」以降です。

　まず、誕生直後の乳児は思考を伴わない「反射」の状態にいます。「反射」は生きていくために不可欠な要素で、触られたり揺らされたりするとどの乳児でも同じパターンの不随意反応をします。さまざまな感覚が識別できるようになると、不随意反応は消失し「感覚運動期」に入ります。この時期には、自分の身体活動から受ける感覚刺激を楽しんだり、身体を動かすと生じる周りの世界の変化を楽しんだりします。指しゃぶりの感覚や、カーテンがゆれる動きを見て楽しんだり、ボタンを押すと音が鳴ることを楽しんだりする時期です。感覚運動期に、さまざまな刺激を受けて楽しむことができた子どもは、「音」「映像」「身体」「対人（人との接触）」などの微妙な違いを識別したり、自分にとって好ましい刺激を保ったり、変化させたりする力を発達させていきます。

　2歳から6、7歳までは、論理思考の準備段階です。この時期の子どもたちは、言語の発達で説明したように、理解したり表現したりすることばの数を増加させながら、さまざまなものごとに対して仕組みや因果関係などを積極的に考えはじめています。ただし、この段階の思考は、実際に見えているものに判断が左右されがちです。例えば、車のおもちゃを片側から見せられた場合、反対側がどうなっているかを想像することはできません。

　7歳ぐらいから論理的思考が可能になります。まず、「具体的操

作期」において目の前に見えているものを操作する（動かしたり、壊したり、組み立てたり）ことを理解します。具体的な操作が十分に記憶されると、目の前に具体物がなくても頭の中で考えたり分析したりする「形式的操作」ができるようになっていきます。例えば、目の前にマッチ棒で「□」がつくってあるのを見ている子どもに「これを△にするにはどうしたらよいか」と聞いたとします。この時期の子どもは、それに触ったり動かしたりしなくても、棒を動かしたらどうなるかを頭の中でイメージすることができます。また、なぜそうなるのかをことばで説明することができるようになります。

③ 論理・数学的知能を伸ばすには？

「論理・数学」知能を伸ばすには、**1**「何について考えるか」、**2**「どういう風に考えるか」、及び、**3** 考えた「結果をどうまとめるか」の３つの力を育てます。それぞれに、以下のような視点がありますので、具体例を紹介してみましょう。

1── 何について考えるか（テーマ）
　① いくつのことを考えるか（変数を決める）。
　② 問題を細かく分けて考える（細分化）。

2── どういう風に考えるか（方策）
　① 原因から考える？　それとも結果から考える？
　② 似ているもので考える（類似性）。
　③ どういう公式・理論を当てはめるか（法則の適用）。
　④ 当てはめてみるとどうなるか（代入・予測）。

3── 結果をどうまとめるか（評価）
　① 考えたことを、どうやってまとめるか（再形式化）。
　② 今までにないことが生じたら？（一部改訂か独立か）

1——何について考えるか

①　いくつのことを考えるか

考えるときは、まず、何について、いくつのことを考えるのかを決めます。

> 「水族館で楽しかったことを1つ書いてみよう」
> 「運動会でがんばったことを2つ書いてみよう」

②　問題を細かく分けて考える

考える数が決まったら、考える範囲を明確にします。与えられたテーマのどの部分を考えるのか、カテゴリーを分けていくと、具体的にイメージしやすくなります。イルカの例で考えてみましょう。

「見たもの」の例：イルカの形、色、大きさ、食べ物、泳ぎ方、パンフレットに書いてあったこと
「聞いたもの」の例：鳴き声、水族館の人から聞いたこと
「考えたこと」の例：どうやって会話しているのだろう。哺乳類なのに、どうして水の中にいられるのだろう。体温はどうなっているのだろう。

2——どういう風に考えるか

①　原因から考える？　それとも結果から考える？

2つのものごとの関係を考える場合、原因から結果を予測する方法と結果からプロセスを振り返る方法があります。54ページの図2-4は、結果に影響した要因を整理する「フィッシュボーンチャート」の例です。

図2-4　フィッシュボーンチャートの例

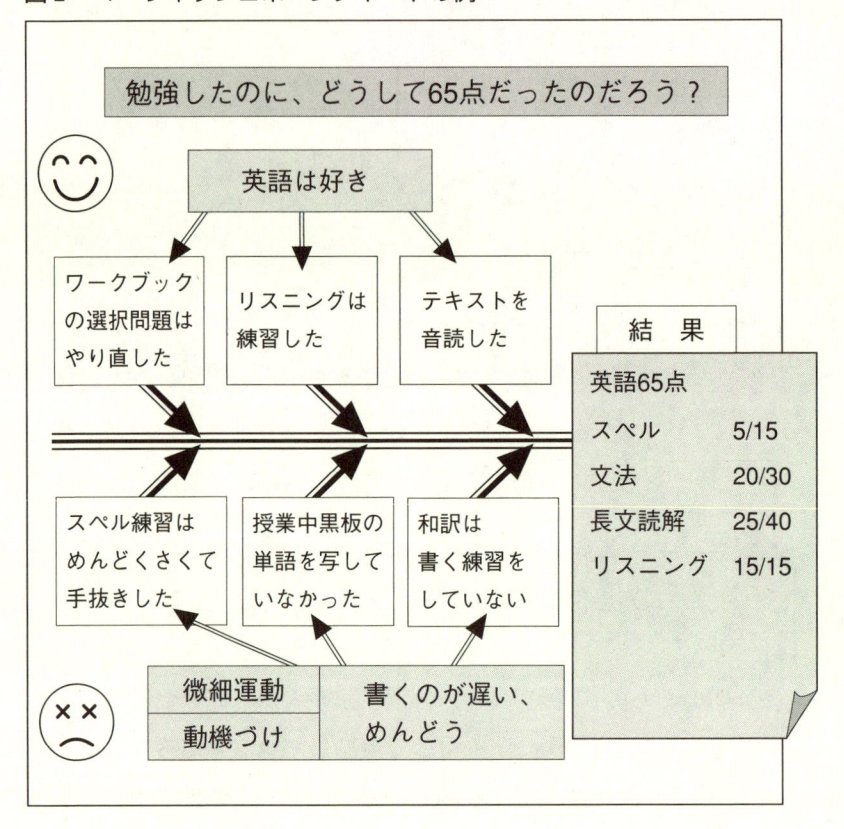

```
勉強したのに、どうして65点だったのだろう？

英語は好き

ワークブックの選択問題はやり直した　　リスニングは練習した　　テキストを音読した

結　果
英語65点
スペル　　5/15
文法　　20/30
長文読解　25/40
リスニング　15/15

スペル練習はめんどくさくて手抜きした　　授業中黒板の単語を写していなかった　　和訳は書く練習をしていない

微細運動
動機づけ
書くのが遅い、めんどう
```

　この例で太郎君は、英語のテストがなぜ65点だったのかを考えています。英語は好きです。勉強もしました。授業中も熱心に先生とやりとりしました。テスト勉強もしています。そこで、まずテスト結果をカテゴリーに分けました。次に、それをもとに「やったこと」を上に「やらなかったこと」を下にまとめてみることにしました。すると、「書字」に対する苦手意識がスペルや和訳練習を怠った要因とわかりました。そこで、太郎くんは、フィッシュボーンチャートを英語の先生に見せて、具体的にスペルを書くのが苦痛でなくなる方法をいっしょに考えました。

② 似ているもので考える

　初めてのことや、理解しにくい内容を考えるときには、似ているもので考えます。類似性が理解できると、初めての場面でも「前にやった何かと似ていないか」と類推しやすくなり、状況の理解力も高まります。類似性には「形」「数」「大きさ」「色」など、目に見える特徴や、「感触」「使い方」など自分がかかわって理解できる特徴があります。また「原料」や「変化する前の形」など目に見えない特徴を理解する力も必要です。

図2－5　似ているものを考える

　類似性の理解力を育てるには、「仲間集め」が有効です。上のように形や色が違うものの中で似ているものを集めるのもその1つです。集める仲間は、具体的なものから始めて次第に抽象的なものにしていきます。「動作」の仲間集めや「感情」の仲間集めなどをしながら語いを増やしていき、最後は「場面」の仲間集めになります。自分が失敗した場面を集めて、「似ている要因は何だろう？」と考えるのです。
　類似性や規則性が導き出せるようになると次項で説明する「公式」を当てはめることが容易になりますし、自分で新しい公式をつくり出すこともできるようになります。

③　どういう公式・理論を当てはめるか

　どの考え方を当てはめれば、問題が解けるのかを判断するのが公式や理論の適用力です。子どもの成長を支援するために欠かせない公式や理論には、下記のように学習上の公式と、心理・社会上の理論があります。例えば、中学1年生で因数分解につまずいている生徒がいたとします。解き方を見ていると、因数分解のやり方はわかっているのですが、「分配の法則」や「結合の法則」を理解していませんでした。そこで、小学校の算数にもどり、数と式の公式をカードにして持っているようにしたら苦手意識が減ってきました。

　また、いつもざわざわしていて、ちょっとした意見の違いでけんかになるクラスがありました。担任の先生は、ストレス耐性とコミュニケーションのスキルの必要性を感じたので、授業を短いユニットに分けて集中力が続くようにしました。「息抜き」や「話し合い」の時間を組み入れながら「聞く」「書く」「一人で考える」時間も取り入れたのです。また、対立解消のやり方も教えました。

子どもの支援に役立つ公式・理論

学習上の公式
　　数学（数量・図形の公式）
　　理科（物理・化学の公式）
　　国語・英語の文法

（円柱の体積は？　$\pi r^2 h$）

心理・社会上の理論
　　発達に関する諸理論（ことば、認知、身体、情緒、遊び）
　　社会性に関する諸理論（自己意識、道徳心、動機づけ、ソーシャルスキルなど）

例：アトキンソンによる達成動機の公式
　　　　　$T = M \times P \times I$
　　T＝ある課題に対する達成動機の強さ
　　M＝一般的な達成動機の強さ
　　P＝やれると思う確率
　　I＝課題をやり遂げたときに得られる価値

④　当てはめてみるとどうなるか

「代入」では、ある公式や理論にさまざまな値を当てはめたらどうなるかという予測をします。「例えば？」「○○くんがやった場合は？」と考える手法です。実例を当てはめながら新しい概念や公式を説明したり、「これをやったらどうなる」という見通しを立てていきます。ものごとを考えるときに「代入」を活用する場合には、当てはめる公式を的確に選ぶことが大切になります。

3 ── 結果をどうまとめるか

生徒が自分の考えたことをまとめる、先生が生徒の意見をまとめるなど、学習のプロセスにおいて「まとめ」の作業は大切です。上手にまとめられると、記憶しやすくなりますから、後でもその知識を取り出しやすくなります。

① 考えたことを、どうやってまとめるか

考えたことや体験したことをわかりやすくまとめるには、①何を考えたか、②どのように考えたか、③その結果どうなったかを整理する力が必要です。したがって、板書やワークシート、振り返り用紙には、この３つの視点を組み込んでください。フィッシュボーンチャート（54ページの図２－４）や作文のプロットを活用すると道筋が見えやすくなり、書いたり発表したりする作業が活性化します。ワークシート例は第４章に掲載してありますので参照してください。

② 今までにないことが生じたら？

　実験や体験学習でこれまでにないことが起こった場合、または、生徒から予想していない答えや考え方が出された場合にはどうまとめていくとよいでしょうか？　この場合、期待する答え（標準の答え）と出された答えや結果を比較しながら、結果を「一部改訂する」あるいは「独立する」という方法がとれます。「一部改訂する」のは、何らかの誤り（表現や考え方など）が見つかった場合や、一部を発展させる場合です。また、「独立する」のは、ユニークな発想の場合です。これらのことを、生徒の意見をまとめる板書の例で考えてみましょう。

　黒板でまとめるときに大切なのは、視覚的に整理して回答を比較しやすくすることです。まず、到達目標となる答えを書きます。次に、基本の表現を少し変えたり、短くした答えを紹介します。例えば、英語では意味は同じだけれども異なる単語を用いていたり、数学では計算の方法を工夫したりという具合です。発展した回答は、

図2-6　黒板のまとめ方の例

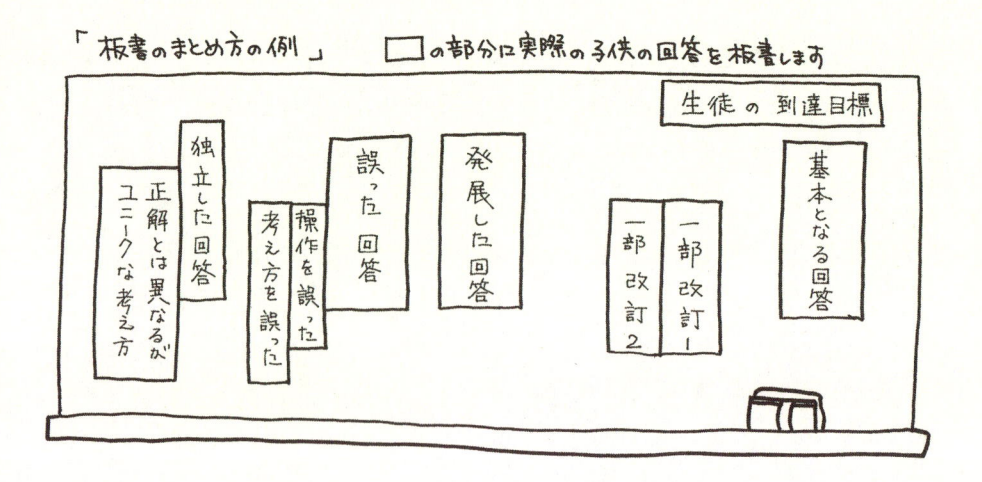

「板書のまとめ方の例」　□の部分に実際の子供の回答を板書します

独立した回答	誤った回答	発展した回答	一部改訂1 / 一部改訂2	生徒の到達目標 基本となる回答
正解とは異なるがユニークな考え方	操作を誤った／考え方を誤った			

到達目標を超えた優れた回答として紹介したいものです。一方、誤った答えもきちんと知らせる必要があります。ここで大切なのは、誤った答えになったプロセスを明確にし、基本の答えに導く方法を学ばせることです。

小学校低学年では、ごく簡単に正しい答えを教えた上で、個別に誤った考えや操作方法について一対一で時間をとって教えます。低学年では、考え方の公式が理解できていない場合が多いからです。また、自己中心的思考が強いので他者の誤りから学ぶという姿勢が習得できていないため、クラス全体で誤りから学ぶことは効果がありません。これに対し、高学年や中学生の場合は、机間巡視しながらよくある誤りや考え方に行き詰まっている回答を集めます。これらを例にしながら、考えるプロセスを教えていきます。

授業中に生徒から出た回答をまとめる作業で最も難しいのが、独立した答えの扱いです。正解とは異なるけれども、ユニークな考え方の場合は、発想の着眼点を評価した上で標準あるいは発展した回答との考え方の違いを教えます。その上で、授業内容の範囲内の答えが出せるように支援します。ユニークさだけを評価していると、一般的なテストで点数が取れなくなっていくからです。

このように「論理・数学」知能を伸ばす方法はたくさんあります。いずれも、考えることが苦手な子どもたちに「考えること」の楽しさや「考えやすさ」を体験させるものです。ここで紹介した方法以外にも、アームストロングが2002年に提案した、他のＭＩと組み合わせながら「論理・数学」知能を伸ばす方法などがあります。章末の参考文献にも紹介しているので、機会があったら見ておくとよいでしょう。

第3節 視覚・空間的知能
(Picture Smart)

1 視覚・空間的知能とは？

「視覚・空間」知能には、目に映るものを映像として理解する力、映像を記憶したり、その映像を頭の中で操作（拡大・縮小、回転、並び替え、組み立て、立体化など）する力、及び、記憶から呼び起こして描く力があります。

表2－3　視覚・空間的知能と8つの知能を組み合わせて発揮する能力

	視覚・空間的知能
言語・語学	視野を広げて文字を読む。文章を全体的に把握する。映像をことばで理解する。読んだり聞いたりしたことを絵やイメージにする。空間に合わせて文字の大きさを変化させる。情景的文章を表現する。
論理・数学	絵画・映画・写真・工作などの分析をする。製図・縮小・拡大・平面から立体への変換をする。リサイクルする。デザインをする。視覚を用いた論理的なゲームをする。状況判断をする。
内省	芸術作品を理解・鑑賞・評論する。哲学的・抽象的イメージを絵画・建築・像などで創作する。
音楽・リズム	映像効果を伴う音楽・オペラ・ミュージカル・バレエ音楽を楽しむ。
視覚・空間	見たものを見た通りに理解・表現する。カメラアイ・写真・ノンフィクション・模写を活用する。
身体・運動	土地勘がよい。車の運転・車庫入れをする。実験の観察をする。混雑した場所を人にぶつからずに通り抜ける。
対人	人との物理的・心理的な距離を上手にとる。職場環境の調査・改善をする。ドラマ・ヒューマンドキュメントの制作をする。
博物学	フィールドワークでの写真記録・スケッチをする。機能的にノートをとる。書類の整理整頓をする。デザインをパターン化する。地図や路線をパターン化する。機能的に空間を仕切る。空間配置をする。

2 視覚・空間的知能の発達

「視覚・空間」知能はどのように発達していくのでしょうか？
1 ものや表情を認識する力と **2** 視覚的な表現能力に分けて説明します。

1——ものや表情を認識する力の発達

　乳児が目に映る色や線を認知できるようになるのは生後6週ころで、5ヶ月ころまでに線の角度や大きさ、形などを識別できるようになります。両目で1つのものを見られるようになると、立体的にとらえられるようになり、空間的な視覚が発達しはじめます。ものとの焦点距離を合わせられるようになると、視覚に「奥行き知覚」と「運動をガイド」する働きが加わります（山下、2005）。例えば、お母さんの手の中にあるミルクビンを取りたいとき、目でとらえた距離（奥行き）に合わせて手を伸ばす（運動をガイド）ようになります。この2つの能力が発達すると目でとらえた情報を元にして身体の動きを調整する「目と手の供応運動」が発達していきます。そしてその他の「感覚統合」が発達しはじめるのです。

　では、表情の認知はどのように進むのでしょうか？　対人関係を築いていく上で重要な働きをするのが表情を読み取る力です（表情認知）。乳児は生後2日目ぐらいから表情を理解するといわれ、母親の表情を模倣します。しかし、乳児が色や線を見分けるのは6週目以降であるため、細かい表情の違いを認知しているわけではなく、全体をまとまった形として認知しているだけです。乳児は大人の保護を必要としているため、本能的に大人を注視しながら、表情を認知して模倣する能力が発達するのです（大森、2005）。感情そのものの発達は数ヶ月後なので、表情を模倣していてもその感情を理解しているわけではないことに注意してください。

2——視覚的な表現能力の発達（描画）

見たものを「形」として表現する能力に描画があります。子どもの絵は、ものごとをどう認知しているかをよく表しているので発達や心理状況を見立てる上で大変参考になります。描画の発達を認知構造と身体・運動機能の発達の関係でまとめたのが次ページの表2－4です。発達過程の子どもの場合は、表の右のアドバイスに沿って発達を促してみてください。

3　視覚・空間的知能を伸ばすには？

「視覚・空間」知能を伸ばすには、以下のような方法があります。それぞれの活用方法について説明しましょう。

1　教室環境（壁面、板書、教材、服装）の工夫
2　教師の動きや教材による工夫
3　生徒自身の能力を伸ばす方法

1——教室環境の工夫

これまでの教室環境論では、空調や部屋の大きさ、騒音などが扱われており、教室には黒板と教卓があり、生徒の机が整然と並んでいるというイメージは変わらないままでした。一方、ＭＩを用いた教室環境づくりでは、それぞれの知能に適した学び方ができるように、教室空間の仕切り方、壁面、板書、標語の貼り方などを工夫しています。学ぶ環境を楽しくすることによって、仲間づくりを活性化したり、学習への意欲づけを増したりする効果があるからです。第3章で紹介する学校では、ＭＩを生かした教室環境づくりや教材の工夫を通じて生徒の不登校や暴力が減り、学ぶ意欲も取りもどしていきました。

表2－4　発達に伴う絵の変化　J. H. ディ・レオ「絵に見る子どもの発達」(1999)

（改訂：本田恵子）

おおよその年齢層	特　徴	発達を促す対応
0～1歳　感覚遊び　描く以前の段階	色鉛筆、クレヨンを持たせると口にしたり、目で追ったりする。目や手の感触を楽しむ。「柔らかい」「固い」「明るい」「暗い」など	手や目の感覚刺激を豊富にし、さまざまな感覚の存在に気づかせる。
1～2歳　運動性の描画	なぐりがき、手を動かして跡がつくのが楽しい。壁への落書きが始まる時期	自分の行動を実体験して実感をつかませる。描いてよい場所をつくってのびのびと身体を使って表現させる。
2～3歳　形の登場	なぐりがき以外の形や色の登場	形と子どもが見ているものとを比べて、表現したものを理解してみる。ことばにするとよい。
3～4歳　シンボルの登場　頭の形への気づき	形を組み合わせて記号としての表現が始まる。最初は、人の頭。自分自身の絵への「名づけ」も行う。	「これ何？」に丁寧に答えながら、ものや行動には「名前」「シンボル」があることを伝えていくと名前と形が一致してくる。
4～5歳　表象的な描画　主観的な表現　自己中心的	スカートの中の足、電車の中の人が透けて描かれている。足が2本以上、電車に長く乗った体験を線だけで表すなどがある。	何をよく描くかを見て、子どもの興味を理解する。「大人の常識」を絵に押しつけないようにする。スカートの中に見えないはずの足があっても消させずに、その子がどんな足を描こうとしているかを理解する。
6～7歳　視覚的な描画　客観的に見えるものを描く　他者理解促進	自分のこころの表象より、世の中のルールに従って、わかりやすい絵を描く。しかし、こころの中は「なぜ？」「どうして？」でいっぱい。	子どもの「なぜ？」「どうして？」をいっしょに考えながら、その子らしさを保持しつつ「ルール」を教えていく。
7～12歳　絵画の発達停止	周囲に好まれる絵を描く。絵による自己表現を停止する。例：人間を棒人間で描くことを教えられると、表現したいことを「簡単」な記号や方法で行うようになる。	テーマは与えてもよいが、できるだけ自由に描かせる。決まった色や固定概念にとらわれた指導をすると子どもの感性やこころが描かれにくい。

第3節　視覚・空間的知能（Picture Smart）

> ① 教室空間の配置の工夫
>   ・目的に応じたスペースの工夫
>   ・個別の空間が必要な子どもへの工夫
> ② 「視覚・空間」知能を活性化させる壁面の工夫
>   ・ワードウォール、学習ポスター、チャート
>   ・掲示板、クラスの対話コーナー、親しみやすい標語の掲示
>   ・成果を貼り出すコーナー
> ③ 板書の工夫
>   ・色分け　　　・場所の使い分け
>   ・文字の大きさ　・書く時間の配分

2──教師の動きや教材による工夫

　勉強ぎらいの生徒には、ことばを図や映像に置き換えるのが苦手な子が多いようです。具体的なものを見ると理解しやすいのですが、文字を見たり、音を聞いただけだとイメージがつかみにくいのです。特に、算数で新しい公式を教えるときや国語で抽象的な概念を理解するときには、下のような視覚的な教材を活用してください。授業の導入がしやすくなります。第3章の実践例では、「単位量当たりの大きさ」を理解するために、具体的な教材が工夫されています。

> ① 絵、写真を見せる、実物投影機で映す
> ② DVD、ヴィデオなどで映像を見せる
> ③ 実物を展示する
> ④ ワークシートを工夫する
>   〔読みやすい大きさの文字、思考の段階にそったチャートなど〕
> ⑤ 板書の仕方を工夫する

図2-7　机が整然と並んだ教室（上）と配置が工夫された教室（下）

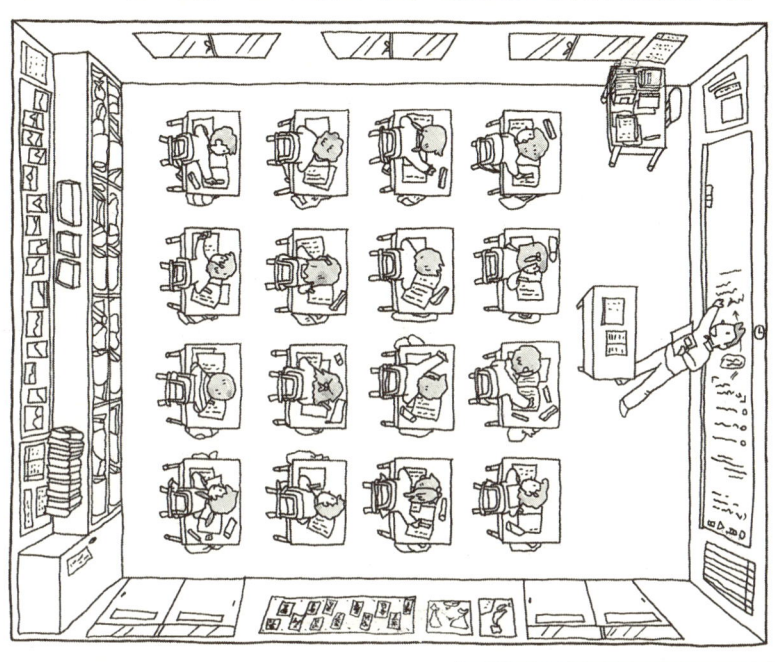

博物学のコーナー

対話のコーナー

内省（調べ学習）のコーナー

視覚（ポスター・チャートなど）のコーナー

第3節　視覚・空間的知能（Picture Smart）

3 ── 生徒自身の能力を伸ばす方法

「視覚・空間」知能を伸ばすには、子どもが得意とする知能に合わせた方法を工夫することが大切です。例えば、「言語・語学」知能が優勢な子どもの場合は、読んでいる小説の主人公の顔やしぐさを思い浮かべます。「論理・数学」知能が優勢なら見たものの仕組みを考えさせてみましょう。

どの知能にも共通して有効な方法として、次の3つの方法を紹介します。

---

① 全体像をとらえる
② 詳細をとらえる
③ 違う方向から見る

---

① 全体像をとらえる練習（視野を広げる）

視覚を活性化するためには、まず、見ているものの範囲を広げます。目線を動かして視野を広げる練習です。人間にはある一部やある方向ばかりを見る傾向がありますから、同じ情報を与えても見落としてしまう部分ができるからです。教材提示装置を用いて、まず、図2-8のように絵の「ある一部」を見せ、次第に見る範囲を広くしてください。視野が広がると場面の見え方が変わることに、子どもたちは驚きの声をあげるでしょう。

文字の場合、子どもたちは1つの文字から2つ、3つ、5つと一度に見る文字数を増やしてみます。視野が狭い人は、首や身体の回転幅が少ないため、身体ほぐし運動をすることで首を回しやすくしたり、身体を動かして全体を見渡す練習をしてみてください。視野が広がると、同時に情報量が増えるので、ものごとをたくさんの方面から認知しやすくなります（多角認知）。また、自分が移動する

場所や逃げ場など見通しもつけやすくなります。

　遊びを通じて視野を広げるのであれば、日ごろから子どもたちに「まわりをよく見てごらん？」「ほかにどんなことがある？」という問いかけをすることを薦めます。

図2－8　視野を広げると、場面の見え方が変わる

② 詳細をとらえる練習（一部をじっくり見る・覚える練習）

　漢字が読めるけれど書けない、なんとなく内容は覚えているけれど細かいところがわからないという生徒の場合には、注目してもらいたい一部をじっくり見る練習をします。言語では漢字（開く・聞く、管・菅）や単語（auntとant）、「てにをは」などの言い回しによる意味の違いを学びます。漢字や単語は視覚的に分割してどういう組み立てになっているかを「博物学」や「論理・数学」知能を用

いることもできます。数学では、数字の読み違い（3と8、1と7など）やグラフの縦軸・横軸の単位の違いによる変化に注目させたり、対人関係では、人間の表情の微妙な違い、身体・運動ではチームメンバーのプレー中の位置の把握やシュートの場所や角度などに注目する練習をします。

　詳細をとらえる力をつけるには、「どこに注目するか」という左脳への指令が不可欠ですので、指示を出すときに左脳が活性化するような発問をしてください。また、注目させたい一部に「窓シート」や「フリップカード」を用いるのも有効です。

●窓シートをかぶせると一部が見えやすくなる

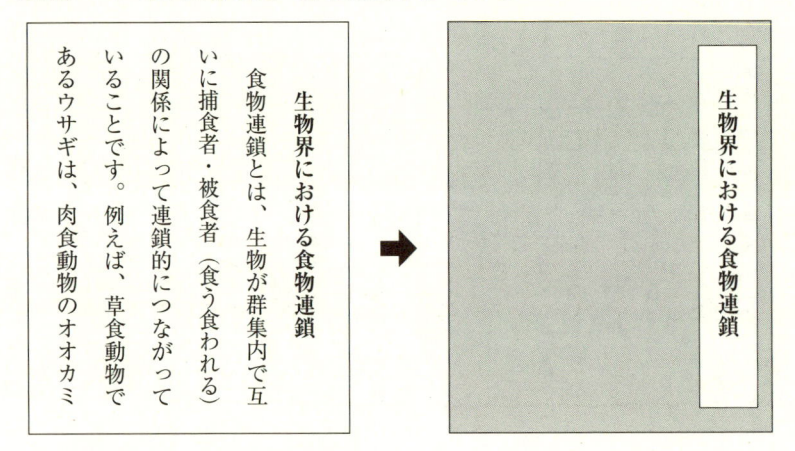

生物界における食物連鎖
食物連鎖とは、生物が群集内で互いに捕食者・被食者（食う食われる）の関係によって連鎖的につながっていることです。例えば、草食動物であるウサギは、肉食動物のオオカミ

→

生物界における食物連鎖

●細かい部分の違いに気づく練習

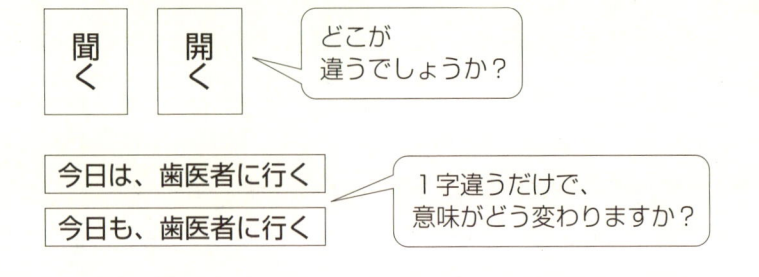

| 聞く | 開く |

どこが違うでしょうか？

今日は、歯医者に行く
今日も、歯医者に行く

1字違うだけで、意味がどう変わりますか？

③ 違う方向から見る練習

　違う方向からものごとを理解する力は、見ているものを頭の中で回転させたり、組み合わせたらどうなるかをイメージする力です。暗算したり、文章を図にしたり、相手の立場に立って考えたりするために不可欠です。

　目で見た図形を頭の中で回転させるには、短期記憶の中に図形を貼りつけながら、ワーキングメモリー上でさまざまな操作をしなくてはなりません。まず、具体物を実際に操作することから練習してみてください。例えば、パズルや立体図形を実際に動かして、どうなるかを確認します。その記憶を元に、イメージ操作の練習をします。拡大・縮小・反転、反対側や横・上から見るなどです。このように、目に見えるものを違う方向から見る力がついたら、次に相手の立場に立って考えたり、目の前にないことについても考える練習を始めます。

　第4章で紹介している「三匹のこぶた」をオオカミの立場から書き直すというワークはこの応用です。こぶたの立場でこの話を読むと、オオカミは乱暴で自分のことしか考えられない悪者です。しかし、オオカミの立場から書き直していくと、悪者に見える行動の背景にあるものに気づいていくのです。

●斜め横から見たものを上から見るとどう見える？

第4節 身体・運動的知能
(Body Smart)

1　身体・運動的知能とは？

　「身体・運動」知能には、身体に与えられる情報を理解する力と、自分の考えや感情を動作にする力があります。それぞれに手足や身体全体を大きく動かす「粗大運動」と手指で細かい作業を行う「微細運動」、及び意思と動作をつなげる「感覚統合」があります。

　例えば、おなかがすいたとします。「空腹感」は、まず「胃の不快感」として右脳に伝わります。この不快感が何かを理解するために情報は左脳に移され、「不快感」は「空腹感」だとわかります。そこでおなかがすいているのだから「何か食べよう」という意思が決定されます。続いて「何かを食べるためには、どうしたらいいか」という「運動企画」が行われ、「リビングに歩いていってお菓子の箱を探す」という「プログラミング」がなされます。プログラムを実行するために「運動指令」が身体に伝達されると、指令を受けた足は、立ち上がって歩き出し、目はお菓子の箱を探し、手は箱を開けてお目当てのお菓子を口に運び、一連の動作が完了します。

図2-9　運動が生じるまでのプロセス

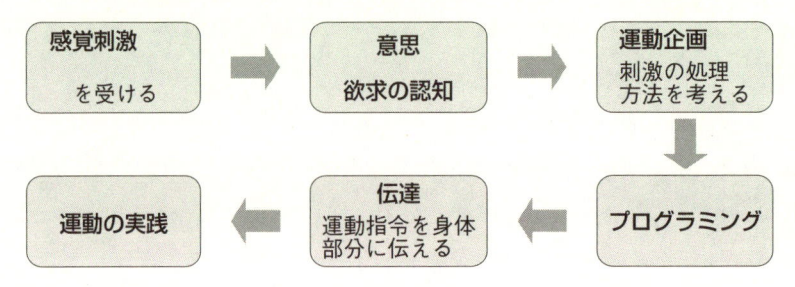

感覚刺激を受ける → 意思 欲求の認知 → 運動企画 刺激の処理方法を考える → プログラミング → 伝達 運動指令を身体部分に伝える → 運動の実践

2 身体・運動的知能の発達

　乳児は誕生直後、生存のために必要な「反射」と呼ばれる不随意運動をします。口に触れるものを吸う、手に触れるものを握る（把握反射）、頭を後ろにそらせると両手両足を広げてゆっくりと抱きかかえるような姿勢をとる（モロー反射）などです。

　4ヶ月を過ぎて視覚認知が進み、物との距離や奥行きが把握できるようになると手足の運動が始まります。4ヶ月から1歳までは手足の粗大運動を発達させながら、「寝返り」「はいはい」「一人立ち」「歩行」などを獲得していき、2～3歳になると「投げる」「走る」「跳ぶ」という基本的な運動ができるようになります。また、一人立ちができるようになり、手が移動運動から開放されると同時に視知覚の供応が発達していき、手指を用いた積木、砂遊び、ねんど、折り紙、お絵かき、切り絵などを楽しむようになります。

　感覚統合が進み、4～5歳で意思を身体に伝える機能が安定してくると、なわとびや鉄棒、ボール投げなど複雑な運動ができるようになるのです。この後、社会性や言語の発達が進むのと併行して、個人でも集団でも高度な専門的運動や組織的な運動が可能になっていきます。

表2-5　身体・運動的知能と8つの知能を組み合わせて発揮する能力

	身体・運動的知能
言語・語学	速読できる。バランスのよい書字をする。 声に強弱がつけられる。 ことばに合わせたジェスチャーをする。 指令通りに身体を動かす。
論理・数学	身体の動き・試合の攻め方などを論理的に分析する。 機械を操作する。 模型・ロボット・ＰＣなどの開発・製作をする。
内省	道徳心にそった行動をとる。 哲学的なイメージを身体・運動に表現する。 （ヨガ・太極拳など）
音楽・リズム	楽器を演奏する。 リラクゼーション音楽・ダンス音楽に合わせて体を動かす。 歌う。情緒的な身体表現をする。
視覚・空間	土地勘がよい。車の運転・車庫入れをする。 実験の観察をする。 混雑した場所を人にぶつからずに通り抜ける。
身体・運動	反射神経がよい。 的あて競技・アーチェリー・射撃などを行う。 シングル競技を行う。
対人	ペアワーク・グループワーク・集団競技をする。 身体接触を好む。 作業を通じて人間関係を築く。
博物学	運動をパターン分けする。 試合の作業カテゴリーの分類をする。

3　身体・運動的知能を伸ばすには？

1──教師側の身体・運動的知能を授業で活性化してみる

　生徒は授業中の教師の動きに注目していますので、教師の動作は、生徒の知能を活性化する上でさまざまな影響を与えています。

　また、教師の表情も生徒の学習への動機づけに影響します。威圧的、批判的、拒絶的に上から見下ろされると生徒は反発したくなります。教師が無表情だったり不安な表情をしながら生徒と離れた場所で授業をすると生徒の気持ちも離れていき、勝手なことをしたくなります。生徒にとって居心地がよく、楽しく授業に臨める教室になるように教師側の「身体・運動」知能も活性化させてください。

図2−10　教師の身体の動きによって生徒の気持ちが変わる

←緊張・不安をつのらせる動き
　じっと座ったり、立ったまま動かないが、動くときはスピードが速い。いつも特定の方向に体を向け、話すときは前や高い位置にいる。

リラックスさせる動き→
　話の内容に合わせた動作で、ゆっくりにこやかに動く。満遍なく全体を見ながら、机間を移動し、生徒一人ひとりに話しかける。

2──感覚統合のトレーニング

1）自分の身体のネーミング
2）感覚刺激の調整（情報の入力状態の調整）
　①感覚過敏の緩和　　♪ → ♪ → ♪
　　☆刺激の数値化、弱い刺激から徐々に強くする。
　②１つの音や視覚刺激だけを聞き分ける・見分ける練習♠
　③入手する情報の質と量を増やす（特定刺激への固着緩和）
　　☆視野を広げる、一度に聴ける量や質を増やす。
　　☆同時に入力する情報の量を増やす。
3）供応：さまざまな入力器官からの情報を統合する
　①耳から聞いた音やことばを身体の動きで表現する
　　☆「手まりうた」「旗振り遊び」「形集め」など
　②目と身体の供応　１（見たものと同じ形や動作を行う）
　　☆鏡遊び♥、同じ指の動き、まねっこじゃんけん
　　☆出されたカードと同じものを探してとる。
　③目と身体の供応　２（見たものを変化させる：拡大・縮小、回転、簡略化、記号化）
　　☆ぬり絵、絵の並べ替え、合体文字、スクイルグなど
　　☆めんこ、ゴムだん、こま、けんだまなど
　　☆負けじゃんけん♣
　④複合的な身体活動（２つ以上の感覚器官を統合する）
　　☆目─耳─手（カルタ、虫取り、音あてなど）
　　☆耳─論理─目─手（特殊カルタ、ミッケなど）
　　☆耳─記憶─ことば─手（形写し、ブロック写しなど）
　⑤感覚統合の完成
　　☆情報を手際よく処理する♦

ふっきん？　××
腹筋に力を入れる！

（♠、♥、♣、♦は図２－11と対応）

図2-11 感覚統合のトレーニングの例

♠音を聞き分ける練習

♥鏡遊び

♣負けじゃんけん

◆情報を手際よく処理する

第4節 身体・運動的知能（Body Smart）—75

第5節 音楽・リズム的知能
(Music Smart)

1 音楽・リズム的知能とは？

「音楽・リズム」知能には、「音を理解する力」として、音を聞き分ける、抑揚（高低、強弱）やスピード・リズムを理解する力があります。また、「音を操作する力」として、音を組み立てる、リズムやメロディーを編曲する力があります。さらに「音を表現する力」として、ことばに抑揚をつける、リズムの調整をする、メロディーをつくる力があります。これらの基本的な知能が他の7つの知能と組み合わさると次ページの表2-6のような能力を発揮します。

例えば、「言語・語学」知能と連動するとコミュニケーションに必要な抑揚やことばのニュアンスを理解したり、リズム感のある話し方をしたりすることができます。また、「内省」知能と連動すると感情の理解力が活性化しますし、「視覚・空間」知能と組み合わせるとメロディーから情景や情緒をイメージすることができるようになります。「身体・運動」知能と合わせると楽器を演奏する能力になります。

2 音楽・リズム的知能の発達

さまざまな音や抑揚を聞き分けたり、理解したり、表現したりするためには、「聴覚」と「感情」の機能が重要な役割を果たします。まず、「聴き取る力」「感じる力」の発達について理解するようにしましょう。

表2－6　音楽・リズム的知能と8つの知能を組み合わせて発揮する能力

	音楽・リズム的知能
言語・語学	ことばの抑揚・強弱、高低の意味を理解する。 表現の豊かさを楽しむ。 詩的な文章・リズミカルな文章を表現する。 譜面を読む・音楽を音符にする。
論理・数学	練習曲の作曲・演奏をする。 コンピュータでの作曲をする。 メタリックな音楽、録音・再生システムの開発をする。
内省	自分の感情を理解する。宗教的音楽、情動を表現する音楽を聴く。 ヒーリングミュージックなどを理解・創作する。
音楽・リズム	音や声を聞き分ける。 純粋に音を楽しむ。音を創作する。 リズムを聞き分ける。ビートを理解・創作する。
視覚・空間	表情から感情を読み取る。 映像効果を伴う音楽（クラシック、ミュージカル、バレエ音楽など）を鑑賞・創作する。
身体・運動	楽器の演奏、歌う。 動きながら歌う・演奏する。 身体に関係する音楽（リラクゼーション音楽、ダンス音楽、情緒的な身体表現など）を理解・創作する。
対人	他者の感情を理解する。 コミュニケーションが弾む音楽（ポップス）、演歌・童謡、デュエット、コーラス、バンドを楽しむ。
博物学	音の収集と分類をする。 自然の音を録音・表現する。自然を表現する音楽を集める。 音を聞き分ける。

1──聴覚の発達

　ことばや抑揚の違いを聞き分けるには、それぞれの音の周波数の違いを識別する力が必要です。これには、「聴力（音を聞く力）」と「聴覚（音を聞き分ける力）」が関係します。聴覚器官は、胎児期6ヶ月程度で完成するので、誕生時には成人とほぼ同じ聴力を持っています。一方、音を聞き分ける力は、「言語・語学」と「博物学」知能の発達と連動しています。感覚の分化が進むにつれて、さまざまな音やリズムの違いを識別し、自分にとって心地よい音やスピードを獲得します。また、「身体・運動」や「視覚・空間」知能が発達していくと聴いた音を楽器で奏でたり、自分で音を創作していくようになります。幼少期から、さまざまな音に親しませたり、楽器を習ったり、音に合わせて運動したりすると、抑揚やリズム感が育ちやすく、いろいろな抑揚の話し方やテンポの違う授業にも適応しやすくなります。

2──感情の発達

　コミュニケーションに不可欠な抑揚や感情を理解する力は、どのように発達するでしょうか？　誕生直後の乳児は、まず「苦痛」や「不快」の感覚を体験するといわれます。誕生前は羊水に守られながら母親とへその緒でつながっているため、空腹、寒暖などの生理的欲求に関しては常に安定した状態にあったからです。このような「苦痛」を感じたときに母親や周囲の大人がケアすることにより「快」や「安心」、「満足」などの感情を体験すると、喜びやうれしさなどの快感情の発達が始まります。このように、基本的な感情は6ヶ月から1歳までに分化します。その後、身体の自立や社会性の発達に伴い、「誇り」「恥」「嫉妬」など複雑な感情を感知できるようになっていくのです。5～6歳で語いが増え、抽象的な認知能力が備わってくると他者の感情を正確に認知できるようになります。

3　音楽・リズム的知能を伸ばすには？

　教師がメリハリのある授業を展開したり、生徒がお互いの感情や生活リズムの違いなどを理解する力を伸ばすにはどんなことが有効でしょうか。**1**声の抑揚やリズムの変化の仕方、**2**語呂合わせによる記憶、**3**バックミュージックの工夫について紹介します。

1───声の抑揚やリズムに変化を持たせる

　単調な話し方で授業が行われた場合、生徒の脳は活性化しにくくなります。一方、状況に応じて声の質や高低、速さを変えると、脳はメリハリを感知して活性化します。例えば、大切なところは、ゆっくりと大きな声で話したり、考えさせるときは「間」を与えるなどの工夫です。一方、事実を伝えたり、諭したりするときには、抑揚は不要になります。抑揚やリズムは生徒によって異なりますので、一人ひとりの考えるリズム、落ち着いて話が聴ける抑揚などを理解しておいてください。

> **目的に応じて抑揚を変えてみましょう**
>
> **大切なポイントを話すとき**：ゆっくりしたリズムにする。太く、低めの声
> **考えさせるとき**：間を調整する。考える時間を与える。
> **意見を出させたいとき**：とぎれないようにテンポよく指名していく。
> **自信をつけさせたいとき**：合いの手、うなずきを入れる。
> **威厳を見せるとき**：短く、低く、重みのある声
> **感動を伝えたいとき**：語尾に余韻を持たせる。

2——語呂合わせでの記憶

　知識は記憶しないと、使うことができません。何度繰り返してつぶやいても公式や内容を覚えにくい生徒には、楽しく覚えるコツの1つとして「語呂合わせ」の手法を教えてみてください。語呂合わせは、「言語・語学」知能と「音楽・リズム」知能の組み合わせです。単語や公式を記憶しやすいように自分なりの音楽やリズムを工夫させてみましょう。五・七・五やラップで覚えたり、好きな歌を替え歌にするなど、さまざまな方法があります。

```
＞ラップにのせて覚えてみよう＜

例1：単子葉植物（イネ♪　ムギ♪　トンモロコシ♪
　　　　　　　　カキ♪　マツ・リ♪）
例2：年号　1543（ヒトゴロシサン、鉄砲さん）
例3：漢字を絵描き歌にする
　　　一ノ目ハッ　とページ（頁）ができた
例4：H、He、Li、Be、B、C、N、O、F、Ne、Na、Mg、Al、Si、P、S…
　　　スイヘイ　リーベ　ボク　ノ　フネ、　ナマエアルシップス…
```

3——バックミュージックの活用

　脳は活動に適したリズムを持っています。思考や反応速度をあげるときには軽快ですばやい音楽を用い、沈静化するときには静かでゆったりした音楽が効果的です。授業中にカッとなった生徒が後ろのブースに行き、5分ほどヘッドホンで音楽を聴いて、心を静めてから席にもどるのもこの応用です。

　第3章の道徳の授業では、グループ活動でぶつかり合いが多いので、作業中にリラクゼーション効果のあるバックミュージックを流し、協力を促しました。

第6節 内省的知能 (Self Smart)

1　内省的知能とは？

　「内省」知能は、自分自身やことがらについて深く考える力です。考える過程で、ものごとが生じた起源を探ります。また、どうやって現在の状況になったのかをさまざまなできごととの関連性で継続的に理解します。このプロセスで得たことを組み立てて、自分らしさをつくり上げていきます。「内省」知能が発達している人は、自我や信念が明確であり、ものごとを振り返る力にすぐれています。

2　内省的知能の発達

　内省に必要な要素として、「自我」の発達について説明しましょう。「自我」は、「わたしはだれか？」を問うものであり、同時にその答えでもあります。「自我」は、心身の成長に伴って変化しながら形成されていきます。内容としては、外的要因としての性別、年齢、民族性、身体的特徴（肌・髪・目など）の他に内的要因としての思想、宗教、信条、人格傾向などがあります。外的要因は、遺伝子に組み込まれており変容はできませんが、内的要因は、生育環境によりさまざまに変化します。

> 僕が感じているのは…。
> 何が伝えたいのかな…。
> これって、前にもあったかもしれない…。

表2-7　内省的知能と8つの知能を組み合わせて発揮する能力

	内省的知能
言語・語学	ことばの奥にある情感、意味を理解する。 1つのことを深く考える。 哲学的・宗教的文章を理解・表現する。 自分史・日記を書く。
論理・数学	深層心理の分析や投影法の分析をする。 証明、定理を導く。
内省	自分はだれか、存在意義を考え、理解する。 抽象的思考を深める。 無我、感情を味わう。
音楽・リズム	宗教的音楽や情動を表現する音楽の理解と表現をする。 ヒーリングミュージック、邦楽を楽しむ。
視覚・空間	芸術作品を理解・鑑賞・評論する。 哲学的・抽象的イメージを絵画・建築・像・空間配置などで創作する。スポーツ心理を考える。
身体・運動	一人で活動することを好む。 道徳心にそった行動をとる。 哲学的なイメージを身体・運動に表現する（ヨガ・太極拳など）。
対人	独立心、人と異なる意見であっても気にしない。 自己主張をする。 相手の気持ちを感じ、はかり知る。 カウンセリングや占いをする（霊的知能は第9の知能）。
博物学	自分についての情報を集める。 考えたり感じたりしたことを分類する。 自然・宇宙などとの一体感を感じる。

誕生したばかりの乳児の「自我」は未発達で、「イド」と呼ばれる欲求にしたがって「生理的欲求（食欲、睡眠欲など）」を満たす行動をとります。この時期の行動は欲求充足を目的とした自己中心的なものです。1～2歳のときに身体的・心理的な自律のトレーニングが行われるようになる過程で「超自我」と呼ばれる道徳心や規制を学習しはじめます。この時期は、自分がやりたいことがあると人が制しない限り止めることはありません（Freud. 1936）。

　3～5歳で「自我」が目覚めはじめると、「イド」と「超自我」の間に葛藤が生じ、「どうやったら周囲に受け入れられる形で自分の欲求を充足することができるか」を考えるようになります。道徳性や向社会的判断力が発達しはじめるのもこの時期です。やがて、欲求の内容が広がり、12歳くらいまでに「生理的欲求」から「安心欲求」「所属欲求（グループでの居場所を欲する）」「承認欲求（親・先生・友だちに認めてほしい）」が発達します。この時期には、集団への仲間入りや維持のためのさまざまなソーシャルスキルを獲得します（Maslow. 1962）。

　14～17歳の思春期を迎えると、「自分らしさ」を模索しはじめ、男性性・女性性、思想・宗教・信条など内的世界への興味が進みますが、この時期までは親や所属している社会の価値観の影響を受けやすい状態です。18～22歳の青年期には、「アイデンティティの危機」と呼ばれる状況になり、自分がだれか困惑します。「自分らしさ」を求めて内省が深まる時期です。青年期を越えると自分が親や社会の一員として「超自我」を形成する立場に変容しなくてはならないため、それまで培ってきた価値観を検討し、取捨選択した上で再統合する必要があるからです。このようなプロセスを経て「自己実現」は達成されます（Erikson. 1985）。

3 生徒の内省的知能を伸ばすには？

1──自己理解力を伸ばすには？

自分が何をしたいのか（行動）、何を感じているのか（気持ち）、何を考えているのか（思考）を理解するには、以下のような力が必要になります。

> ① 情報を集める力
> ② 情報を整理する力
> ③ 全体把握ができる力（ものごとを全体として理解できる力）
> ④ 行動予測ができる力（これをやったらどうなるか？）
> ⑤ 優先順位を決めるための、価値観（自分・他者）の理解
> ⑥ 適切な方法を選ぶ力
> ⑦ 選択にあたり、他者の意見を聞く・聴くことができる力

ここには、「博物学」や「視覚・空間」、「論理」知能が働いています。内省力を育てるには子どもが興味関心を持っているものを用いて上記の①～⑦の力を育てることが大切なのです。

2──自己表現力を伸ばすには？

自分の考えや気持ちを表現する方法には、「言語表現」と「非言語表現」があります。伝えたい内容に合わせて話したり、手紙やメールを書いたり、ジェスチャーや行動で伝えたりします。

> ① 言語表現能力（話しことば、書きことば）
> ② 非言語表現能力（ジェスチャー、表情、アイコンタクト、ことばの抑揚・スピード、姿勢など）
> ③ 行動力（表現したいタイミングに合わせて、自分の身体を適切に動かすことができる力）

3——授業における振り返りのコツ

　授業や体験学習では、その場で実践しながら振り返ることが大切です。授業中に内省力を伸ばすには、体験学習での振り返りが効果的です。なぜなら、体験学習では体験を客観的記憶として振り返りやすいからです。

　まず、どのような結果も事実として客観的に整理することから始めます。責めたり批判すると感情的な反省になってしまうからです。方法としては、ことばやワークシートなどでの振り返りが考えられますが、思考が自然と深まるように質問を組み立てることが大切です。また、振り返りが苦手な子どもの場合は、ワークシートに絵や選択肢を加えて、取り組みやすくしてください。

　授業中の問いかけの例をあげておきます。実践例は第3章の道徳の授業を参照してください。

---

① 　事実の確認（「視覚・空間」・「博物学」知能の応用）
　「何があったのか話してくれる？」
　「失敗さん、ありがとうだね」
　「最初から、順番に整理してみよう」

② 　考えの視点を変えるとき（「論理・数学」知能の応用）
　「見方を変えるとどうなる？」
　「これをやったら、どうなりそう？」
　「他の人は、なんて言ってた？」
　「あの意見とどう違う？」

③ 　気持ちを整理するとき（「論理・数学」知能の応用）
　「今の苦しさは、10のうちどのくらい？」
　「何が一番、苦しいんだろう？」
　「だれに対して、そう言いたいのかな？」

第7節 対人的知能 (People Smart)

1 対人的知能とは？

「対人」知能とは、人と接するときに「相手がどんな人か」について、性格、ことば遣い、行動などの情報を集め、「人間関係を開始」「維持」「発展」させる能力のことを指します。例えば、対人能力が優れている人は、初めて会った人に対しても相手の特徴に合わせて対応することができますが、低い人は相手の特徴を見分ける能力が不足したり、場の雰囲気を読み取りにくかったり、相手との心理的な距離感がわからなかったりします。その結果、一方的に自分の話をしたり、相手の気に入らない行動をとったり、相手に避けられていても気づかなかったりします。対人能力に含まれる内容としては、他者理解能力と相互理解能力があります。

2 対人的知能の発達

「対人」知能は社会性の発達を通じて促進されます。このプロセスでは、前節で説明した「内省」知能（自我）を確立しながら社会との調整を図ることが大切になります。自我のみを重視すると自己中心的になり、社会性のみを強調すると他者依存的になるからです。

社会性は「愛着」の発達とともに育ちます。88ページの図2-12のように、さまざまなものへの愛着を広げながら自己理解を深めます。自分の意思や行動がコントロールできるようになると、他者への興味関心が育ちはじめ、対人関係に必要なスキルを獲得しはじめます。

表2−8 対人的知能と8つの知能を組み合わせて発揮する能力

	対人的知能
言語・語学	相手のことばへの興味を持つ。 相手に合わせてことばを選んだり組み立てる。 人のことばを素直に受け取る。 人とのおしゃべりが好き。
論理・数学	相手の考えを分析する。 グループダイナミクスを理解・活用する。
内省	相手の気持ちを感じる、はかり知る。 カウンセリング、占いをする（霊的知能は第9の知能）。
音楽・リズム	コミュニケーションが弾む音楽（ポップス）を楽しむ。 演歌・童謡を演奏したり、歌ったりする。 デュエット、コーラス、バンドを楽しむ。
視覚・空間	人との物理的・心理的な距離をうまくとる。
身体・運動	ペアワーク・グループワーク・集団競技を行う。 身体接触を好む。 作業を通じて人間関係を築く。
対人	人間関係そのものが好き。 相手の動きに合わせる（チームワーク）。
博物学	人集め・集客をする。 人事を担当する（人員の配置、採用、対人関係の処理）。 人をタイプ別に分類する。 プロファイリングをする。

子どもの社会化は「遊び」を通じて促進されます。乳児期は、一人でさまざまなものの感触を楽しむか、母親とのスキンシップが遊びの中心ですが、2～3歳になって身体やことばが発達してくるとストーリーをつくって楽しむ「ごっこ遊び」や友だちとの「併行遊び」が始まります。やがて数名で同じ遊びを展開する「共同遊び」に発展し、仲間づくりのルールや、他者理解、相互理解に関する基本的なスキル（次ページ参照）を獲得していきます。小学校高学年から中学生になり、道徳心・共感性・論理性が十分に発達してくると組織的活動で生じるさまざまなトラブル場面で向社会的判断ができるようになり、グループ活動を楽しむことができるようになります。

図2-12　自己理解から相互理解へ

3　対人的知能を伸ばすには？

1——他者理解力を育てる

　他者理解は、相手がしたいこと、感じていること、考えていることを共感的に理解する力です。他者理解ができるためには、図2-12のように、自分の中にさまざまな人や物への興味、感情が育っている必要があります。その上で以下のような力を育てていきます。

---

① **客観的な観察ができる力**（全体把握と行動予測）

② **相手の表情・抑揚を読み取る力**（コミュニケーション力）

　例：友だちが「来るな！」と小さい声で言った。
　　　拒絶、反抗、いじわる　とは限らない
　　（顔を見られたくない？恥ずかしい？自分で解決したい？）

③ **同じ状況が人によっては、異なることを理解する力**
　（多面性の理解）
　例：先生が授業中に近づいて声をかけた。
　　・質問をしたかったA君にはラッキー
　　・眠たいB君には不安、防衛しないといけない状況
　　・授業がわからなくてイライラしているC君にはあたりちらすチャンス

④ **相手のことばを最後まで聞ける力**（傾聴の姿勢）
　　自分の言いたいことをそっと抱えながら、相手の言い分を最後まで聴くことができる力

⑤ **相手の話したことや行動したことをまとめる力**
　（概念化、抽象化、本質を見抜く力）

⑥ **相手の話したことや行動したことを覚えておく力**
　（視覚記憶、音声記憶、細部記憶）

2 ── 相互理解力を育てる

　相互理解とは、自分の言いたいことを伝え、相手の言い分も聞き、お互いが納得のいく結論や解決策を考え出す力です。これには、一対一での相互理解とグループでの相互理解があります。大切なのは共通するスキルとして、ストレス耐性・共感性ですが、コミュニケーションスキルとしての自己主張・アサーション・交渉力・対立解消などの力も大切です。

---

① 　**一対一での付き合い方**
　・役割の理解（対等、相手を立てる、自分がリーダー）
　・関係の開始、継続、終結
② 　**グループでの付き合い方**
　・役割の理解（リーダー、リーダーの支援者、参加者）
　・仲間入り、仲間の維持・協力、仲間から抜けるなど
③ 　**自分とは異質な集団との付き合い方**
　・承認、非干渉、拒否、交渉、対立解消など

　一対一の場合でもグループの場合でも、相互理解の基本に相手との関係の中での自分の役割を理解する力があります。例えば、「この場では自分がリーダーである」「ここは、リーダーを助ける役に回る」などです。その場における自分の役割が理解できれば、その役割にふさわしい行動やことば遣いを選ぶことができます。また、相手との関係性が今どの段階にあるのかを理解する力も必要です。例えば「仲間入り」の段階では、自分を相手に理解してもらうために自己表現したり、相手を理解するために質問したりする力が必要です。「関係を維持する」段階では、相手に合わせたり、我慢したりする力を身につけます。最後の「関係を発展する」段階では、相互理解をするための交渉や対立解消などの力を獲得していくわけです。

4 授業中に対人的知能を活性化させる方法

　最後に、授業中に「対人」知能を活性化させるときのグループづくりの留意点について説明しておきます。

1——少人数での対人的知能を活性化させたい場合

　「対人」知能は相手と活動内容によって活性化する内容が変わります。ペアの組み方やワークのレベル、内容、活用するＭＩを工夫してください。

> ① 生徒のグループの組み方
>   最初のペアは似たもの同士→なれてきたら優勢な知能の異なる生徒のグループ
> ② ワークの進め方
>   ゴールは１つ、手順は複数であり、かかわりが持ちやすい課題を設定

2——一対多での対人的知能を活性化させたい場合

　授業中に教師が学級全体の「対人」知能に働きかける場合は、以下の点に留意しましょう。また、少人数での授業の場合は、教師のＭＩと生徒のＭＩをマッチングさせる工夫も大切です。

> ① 教師が「発問」し、生徒が「作業」する。
> ② ゴールを明確に。
> ③ 解法のパターン・手順は複数用意する。
> ④ 表出と内省を組み合わせる。
> ⑤ 発問内容と語りかける相手をマッチングする。

第8節 博物学的知能
(Nature Smart)

1　博物学的知能とは？

　「博物学」知能は「収集・分類・整理整頓」をしたり「フィールドスタディ」を効果的に実践する力です。この力がある人の多くは、屋外の活動を好み、自然界のさまざまなものを分類・整理する力に秀でています。ガードナーは「博物学」知能を8番目の知能として最後に付け加えています。これは、情報を入力する段階で人によって異なる特徴があること、情報処理過程で最初に起こる「記号化」にも異なる処理機能があることに気づいたためです。「博物学」知能は、さまざまな分野知識を習得する上で最も重要な役割を果たしているのです。

2　博物学的知能を伸ばすには？

　「博物学」知能を伸ばすためには、さまざまな感覚器官をフルに活用して情報を集め、分類するための基礎となる「言語・語学」、「論理・数学」や「視覚・空間」知能が十分に発達している必要があります。どの分野の情報を収集して整理する場合にも共通して育てたい力には以下の5つがあります。

---

① 　カテゴリーを増やす力
② 　上位概念・下位概念と関連付ける力
③ 　類似性を見つける力
④ 　テーマ探索、言いたいことを見つける力
⑤ 　フィールドワークしながら、情報を整理する力

表2－9　博物学的知能と8つの知能を組み合わせて発揮する能力

	博物学的知能
言語・語学	読んだ本や聞いた話のテーマを分類する。 聞いたことばや見た文字をカテゴリーに分ける。 助詞、冠詞、時制などを正確に理解、活用できる。 ことばを混同せずに選ぶ（同音異義語・異字・多義語など）。
論理・数学	理論を整理し、新しい理論を見つけ出す（科学の発見）。 収集物・データの整理・心理検査をする。展示方法を開発する。
内省	自分についての情報を集める。 考えたり、感じたりしたことを分類する。 自然・宇宙などとの一体感を感じる。
音楽・リズム	音の収集と分類をする。 自然の音を録音・表現する。 自然を表現する音楽を創作する。 音や声・抑揚を聞き分けたり、使い分けたりする。
視覚・空間	審判、スポーツや絵画、書字の審査、行動観察をする。 整理整頓をする。デザインのパターン化をする。 空間を機能的に仕切る。
身体・運動	アウトドアの活動を行う。 動作しながら身体の状態を把握する。 運動や試合をカテゴリーに分ける。
対人	相手の言いたいことや場の雰囲気を把握する。 人集め・集客をする。人事を担当する（人員の配置、採用、対人関係の処理）。 人材斡旋、人をタイプ別に分類する。 プロファイリングや危機介入をする。
博物学	純粋に収集を楽しむ（植物・生物・化石など）。 自然をありのままに受容する。 フィールドスタディを楽しむ。

3　博物学的知能を授業で活性化させるには？

　「博物学」知能を活性化させている人は、情報を入力するときから分類を開始しています。つまり、どの情報を最優先で受容するか、どの情報をどの方法で処理すると効果的か、あるいは楽しいか、どういう方法で表現すると相手に伝わりやすいかなどを、瞬時に考えて決断するのです。

　授業で「博物学」知能を活性化させるためには、「何をするか」「何を考えるか」など、情報の入力段階から整理しやすい教示を工夫します。例えば、黒板に「今日の課題」や「キーワード」を貼ったり、授業手順のレジュメを配布します。情報を処理する段階では、考えを整理しやすいワークシートを作成するとよいでしょう。「作文」を例に考えると、「何について」「どのように」「どのくらい」書くかが決まると、具体的に内容を思い浮かべやすくなります。

図2－13 「学校」についての作文を書くために情報をカテゴリー別に収集・整理した例

●授業中の活動の工夫

　「博物学」知能を活性化させるには、授業そのものを構造化することが大切です。第4章を参照しながら、以下のような工夫をしてください。

> ① 授業の見通しが立てやすい学習目標や、目次の提示
> ② 活性化する知能別の授業（週間ＭＩ活用表・ＭＩホイール）
> ③ 知能別のグループ活動の設定
> ④ 黒板の使い分けの工夫
> ⑤ 知識や活動を整理しやすいワークシートの活用
> ⑥ 「再形成化（「論理・数学」知能）」を促進する発問

表2－10　週間ＭＩ活用表

ＭＩ	月	火	水	木	金
言語・語学					
論理・数学					
視覚・空間					
身体・運動					
音楽・リズム					
対人					
内省					
博物学					

参考文献

Armstrong, T.（2002）「You're Smarter Than You Think」Free Spirit Publishing
Erikson, E. H.（1985）「Childhood and Society」Norton & Company New York
Freud, A（1936） 外林 大作 訳（1999）「自我と防衛 第2版」誠信書房
Gardner, H. 黒上 晴夫 監訳（2003）「多元的知能の世界—ＭＩ理論の活用と可能性—」日本文教出版
Maslow, A. H.（1962）上田 吉一 訳（1964）「完全なる人間」誠信書房
Piaget, J.（1952）「The Origins of Intelligence in Children.」International Universities Press, Inc. New York
ディ・レオJ. H. 著 白川 佳代子・石川 元 訳（1999）「絵に見る子どもの発達」誠信書房
松原 達哉 著（1994）「『学習意欲』学校カウンセリングの進め方」教育開発研究所

ＭＩを伸ばすための教材

市毛 勝雄 編 日本言語技術教育学会東京神田支部 著（2002）「論理的思考力を育てるドリル 第2集」明治図書出版
倉田 侃司 編著（1994）「見てわかる教室環境づくりアイデア集（中学校）」明治図書出版
坂本 龍生 著（1991）「絵でわかる障害児を育てる感覚統合法」日本文化科学社
嵩瀬 ひろし 著（2003）「ポケモンとあそぼう—まちがいさがし・パズル・めいろ」小学館
高橋 浩太郎 編（2004）「ポケモンをさがせ！2 第17版」小学館
永井 洋一・浜田 昌義 編著（1998）「感覚統合Ｑ＆Ａ—子どもの理解と援助のために」協同医書出版社
中島 恵子 著（2002）「家庭でできる脳のリハビリ」ゴマブックス
本田 恵子 編著（2006）「SSTボードゲーム なかよしチャレンジ—ぎくしゃくした友達関係を楽しくする力を育てるゲーム—」クリエーションアカデミー
本田 恵子・鈴村 眞理 著（2004）「SSTカード（ソーシャルスキルトレーニングカード）」クリエーションアカデミー
三森 ゆりか 著（2005）「子どものための論理トレーニング・プリント」PHP研究所

実践編

第 **3** 章

ＭＩを活用した授業の展開事例
（マルティプル インテリジェンス）

　これまで、ＭＩとは何かについて説明してきました。では、どのように授業の中で展開されるのでしょうか？本章ではアメリカと日本で展開している実践事例を紹介します。授業の組み立て方については、第4章を参照してください。

第1節 1つの授業で8つの知能をどう活かすか

　MIに基づく授業展開には、1つの教科に8つの知能を組み込むものと、「総合的な学習」として横断的に展開するものがあります。どちらの場合も教師が自分の授業を工夫することから始まります。まず、1つの教科に8つの知能を取り入れた「国語」「道徳」「算数」の実践例を紹介しましょう。これらは生徒の活性化している知能を活かして、苦手とする学習を楽しく進める工夫をしています。生徒の知能の見立て方や授業の構成に注目してください。なお、「総合的な学習」として横断的な授業を展開する場合は、学年や学校としての組織的対応・工夫が必要になります。この例は、第2節で述べます。

1　アメリカの小学校における展開事例（国語）

　これは、ボストン郊外にある小学校6年生の国語において、MIを活用した事例です。国語担当のヘレン先生は興味を持たせながら読解力と作文力を育てる方法として、次ページの表3－1のような授業案を考えました。ここでは南北戦争時代の家族について書かれた小説の一部を取り上げています。

　この小学校の生徒の多くは、理科や図工など実験や作業をする教科は好きですが、基礎学力である計算や読解は苦手です。アメリカの進級規定は厳しく、州が規定する試験で全教科80％以上の得点を取得しなければ進級できません。これまで、生徒たちは苦手教科については必要最低限の内容だけを暗記するという学習方式で切り抜けてきました。

表3－1　国語に歴史の要素を取り入れた授業案

MI	MIを取り入れた授業の進め方の工夫
視覚・空間	**(教室空間を工夫する)** 教室の壁に歴史のポスターを貼る。 教室を「考える場所」「調べる場所」「対話する場所」などに仕切りをする。
身体・運動	**(得意分野を活動の中心にする)** 生徒は、活動に応じて8つの活動ゾーンに移動する。 他の活動に「身体・運動」知能を組み合わせる。
対人	**(対人関係を維持する力を教える)** 「聞く時間」「話す時間」を分け、対話しながら考えられるようにする。 **(対人関係を発展させる力を育てる)** 南北戦争がなぜ生じたのかについて、寸劇を実施。
内省	**(他の知能と組み合わせ、「1つのことを深く考える」体験をさせる)** 得意な「身体・運動」知能と組み合わせてロールプレイをしてみる。 南北戦争の指導者を1人選び、その人の気持ちになりきって、自分ならどうするかを想像してみる。考えるヒントとしてインターネットを使いやすいように教室にコンピュータを配置する。
論理・数学	**(変数を絞るという考え方を教える)** 調べる項目を以下の3つに絞る。 「南北戦争での戦線の移動」「死傷した人数の変遷」「取られた作戦、退路」などを分担して本から調べてカードに書き込む。
博物学	**(情報を整理する方法を教える)** 集めた資料を整理しやすいチャートを準備しておく。
言語・語学	**(キーワード学習の仕方を教える)** 絵本や南北戦争に関係する本をさまざまな種類用意しておく。ワードウォールを黒板の上部につくる。生徒はワークシートに書かれたキーワードを調べて内容を書き込む。
音楽・リズム	**(日常生活と教科の関連性を教える)** 戦争に関する歌を集め、ヘッドホンで音楽を聴き、メロディーや歌詞から人々の気持ちを予想する。

これまでの授業では、多くの生徒は書かれた文章や登場人物の気持ちなどには興味を持てないまま、必要な単語を暗記し、ワークブックを行って終わりでした。これでは、断片的に単語を覚えることはできても作文力や読解力は身につきません。全体的に文章そのものへの興味が少ないので読解力も低く、他の教科にもマイナスの影響が出ていました。

　ヘレン先生はハーバード大学でのＭＩワークショップに参加し、生徒の好きな「身体・運動」や「視覚・空間」知能を使う作業を入り口とすることで「何が書かれているのかが具体的にわかる」という体験をさせることを思いつきました。その上で、「もっと知りたい。もっと読みたい」と思う生徒を育てようとしたのです。

　授業は、8回（週2回）で仕上げるように組み立て、生徒がそれぞれの知能を使う活動を1時間ずつ実施しました。ヘレン先生は、まず教室を工夫し、楽しい場所に変えることから始めました。生徒たちそれぞれの8つの知能が活性化するように教室内の配置や壁面の掲示などを考えたのです。それまでの教室は、先生が黒板の前、生徒は机を整然と並べているというもので、生徒の得意な「対人」や「身体・運動」知能は活性化されにくい状況にありました。そこで、先生の話を聞く場所、話し合える場所、見る場所、調べる場所、音楽を聴く場所、作業する場所など、ＭＩにそって8つのコーナーをつくり、活動内容に合わせた教室配置にしました。壁には、南北戦争に関係する年表、ミュージカルや映画のポスター、歴史的人物の写真や絵などを貼りました。

　授業初日、生徒は教室に入るなり「先生どうしたのー？」と不思議そうに、また、うれしそうにしながら新しい教室に感動していました。以来、先生は、毎回単元が代わるごとに、教室の装飾を変えるのが楽しみになりました。

図3-1 ヘレン先生が工夫した教室の配置

　教室にはさまざまな知能を働かせるコーナーをつくり、生徒の知能を活かす工夫をしています。例えば、正面には「ワードウォール」を貼り、重要な単語が常に目に入るようにしてあります。壁のポスターや掲示は「博物学」知能を活性化させるように、短くわかりやすく整理しています。「本のコーナー」には絵本から専門書までさまざまなレベルのものをそろえてあります。

ヘレン先生は、次に、見たものをことばにしやすいように、南北戦争に関する絵本や本を図書室や地域の図書館から借りて並べました。数ページの短いものから、ジュニア小説までさまざまです。あるトピックを扱ったものもあれば、全体像がわかるものもありました。生徒が興味を持ちそうな人物の伝記も集めました。しかし、内容を主体的に読み進めてもらうためにはもう一工夫必要でした。そこで、キーワード学習を取り入れることにしました。これは「ワードウォール」に書かれている単語やフレーズの意味を理解するために、生徒が課題となるキーワードを絵本や資料の中から探し出してワークシートを埋めていくというものです。ワークシートはレベル別に分けて3種類用意しておき、それぞれのレベルに合う絵本や資料がテーブルに並べられました。1つの教室内における習熟度別学習です。ワードウォールには「ミニットマン」「南北戦争の発端」「奴隷解放」などのことばが並んでいます。

　生徒たちが一番興味を示したのは、自分たちが住んでいる土地の名前の由来である「ミニットマン」の活躍についての話でした。自らの祖先がどんな人たちだったのかを知りたかったようです。また、黒人の多い地区であるため、「奴隷解放」についても興味深く調べる生徒もいました。

　また、クイズ形式をとって、挿絵や歴史の教科書の目次だけを読ませて、「どういう内容が書いてあるか」を想像させました。これは、「論理・数学」知能を用いた活動ですが、生徒たちは、「きっとこういうことが書いてあるんだよ」と楽しそうに推理を始めました。

　ヘレン先生は各コーナーでの活動にも工夫をこらしました。「内省」コーナーでは、自分が選んだトピックについて調べます。材料は絵本でもよいし、インターネットで調べてもかまいません。例えば、南北戦争の作戦地図やその時代の女性の服装、食べ物などです。

南北戦争時代を描いた映画『風とともに去りぬ』も上映時間が長いため、今までは興味を示さなかったのですが、一部を抜粋しながら見せていくと、当時の服装、館の主人と使用人との関係などについて、興味を持って見るようになっていきました。

「論理・数学」コーナーでは、「もし、○○がこうしていたら」という仮説を考えます。例えば、「もし、リンカーンが引っ込み思案だったら、南北戦争の結果はどうなったのか？」などです。最初は、「歴史は歴史なんだから」と言っていた生徒たちも、おなじみの映画『バック・トゥ・ザ・フューチャー』を見てからは、「歴史」がどうつくられていくのかについて興味を持ちはじめました。このように、ヘレン先生は、いたるところで生徒の日常の興味関心と成長させたい知能を連動するような工夫を行いました。

「音楽・リズム」コーナーでは、戦争に関する音楽を聴き、メロディーや歌詞から当時の人たちの気持ちを考えます。活動を通じて、

図3-2 身振り手振りを入れて話しているヘレン先生

生徒たちは、戦いに行く歌が、実は恋しい人との別れをつづった恋の歌であったり、不安を取り払い自らを奮い立たせるための突撃ラッパであったりすることに気づきます。この後、いやな授業への移動のときには「パッパラッパラッパパー♪♪」と歌いながら走っていく生徒も現れました。

　ヘレン先生は、その単元で出てくる単語を一覧にしたワードウォールを準備し、黒板の上に貼り出しておきました。ワードウォールの単語は、先生も生徒も授業中に何度でも使うようにしておいたので、自然と目、耳から記憶されるようになりました。これを「リハーサル効果」と呼びます。実は、これらの単語には学年末進級テストに必要とされている単語が含まれていたので、生徒は楽しみながら、指導基準に即した内容を学習していたのです。

　この例のように、1つの授業の中にMIを取り入れるときには、まず生徒の知能の活性化状況のアセスメントが大切になります。次に、その学年で教えるべき内容を軸にして、8つの知能を組み合わせる工夫をします。8つの知能の内容が連動していることが望ましいのですが、導入したてのころは、内容の体験と理解を適宜組み合わせたプランを薦めます。

　このとき留意しなければいけないのは、授業が活動や作業中心になりすぎて、その単元の中心テーマから軸がずれてしまうことです。特に、「視覚・空間」「音楽・リズム」「身体・運動」「対人」知能を用いた活動は、「エピソード記憶」として記憶されやすいため、単に「○○をした。おもしろかった」で終わりがちです。知識として蓄積するには、体験した内容を「意味記憶」に変換する作業が必要となります。この学校では、「体験」を振り返って「ことば」にしたり、「考え」（内省）たりする時間を確保するために、授業時間を70分に延長しています。

2　日本の小学校での展開事例（道徳）

　この事例は、学校全体でソーシャルスキルトレーニングに取り組んでいる日本の公立小学校における道徳の展開事例です。小学校5年生の「道徳」の公開授業において以下の展開を試みました。従来形の道徳の授業は「教科書を読んで、教師が説明する」というパターンでした。この学校では学級活動にソーシャルスキルトレーニングを組み込むようになってから、「体験学習」の効果的な活用方法に着目した授業を実施しています。

　公開授業を行ったクラスは、4年次からソーシャルスキル教育を取り入れていました。SSTカード（本田・鈴村、2004）を用いて、「ストレスマネージメントができる」「セルフエスティームを高める」「楽しいグループ活動ができる」という順で実践しています。1年間の積み重ねがあるので、ウォーミングアップに身体接触の活動を導入するプランを立てました。

学年と教科、授業時間：小学校5年生、道徳、70分間
本時の目的：「協力」「周りをよく見る」
本時の内容：形合わせ　4人1組で決まった形をつくる。
取り入れた知能の内容：110・111ページの図3-5参照

---

① ウォーミングアップ

　授業は、2クラス合同で体育館で実施され、「身体・運動」「音楽・リズム」「対人」知能を中心としたウォーミングアップから始まりました。太鼓の音に合わせて、生徒達は、「仲間集め」を行います。例えば、トントントントンと同じ調子でたたかれている太鼓が突然トン・トン！　とすばやく2つたたかれると、生徒はさっと2人組をつくってその場に座ります。この活動には、上記の3つの

知能の他に「視覚・空間」知能も含まれています。常に、周囲を見ながら、自分や友だちの位置を把握しておく必要があるためです。

次に全員が輪になり、太鼓の音に合わせながら間合いをつめてきれいな円を描き、ゆっくりと後ろの人のひざにのって「人間イスの輪」をつくりました。「人間イスの輪」は簡単そうに見えて、実はさまざまな知能が必要とされる活動です。この活動の目的は、「だれもが重さを苦にせずに前の人を支え、自分も支えてもらう」ことです。まず、きれいな円をつくります。ゆがんでいるとバランスが崩れて倒れるからです。きれいな円をつくるには「視覚・空間」知能が必要になります。座るタイミングを合わせるには「対人」「音楽・リズム」「視覚・空間」知能が加わります。勝手に座ると、苦しかったり、支えてもらえなかったり、さまざまな結果が生まれます。対人接触が必要なので、安心感や信頼感がなければ難しい活動です。クラスの中での信頼関係が重要なのです。

図3-3　人間イスの輪

② 形合わせ

　次に、本時の目的となる活動です。子どもたちは、ホワイトボードの前に集まり、本時の目標となるキーワードの説明を受けます。キーワードには「協力」「周りをよく見る」ということばがあり、子どもたちは、4人1組になって「形合わせ」を開始しました。この活動は、それぞれが異なる形（三角形、四角形、台形など）のカードを何枚か持っており、お互いに交換して組み合わせていくと、同じ形ができ上がるというものです。「相手がほしそうなものを渡す」「自分がほしいものを人から取ってはいけない」「黙って作業する」というルールで行います。自分がいらないパーツがある場合にはだれかにあげなければならないので、必然的に周囲を見ます。また、自分がほしいものを自分で取ることができないため、だれかが気づいてくれるまでじっと待たなければなりません。「内省」「対人」「論理・数学」知能がフルに活用された活動になっています。苦手な能力を使った活動をするときには、得意な能力を用いた活動の中に組み込むことを薦めます。

図3-4　形合わせ

③ 振り返り

　この授業で大切なのは、活動途中の「振り返り」です。やりはじめたばかりのころ、生徒たちは1人で組み立てることに夢中になり、本時の目的である「協力」「周りをよく見る」には意識が向いていませんでした。その結果、5分が経過したところで、でき上がった生徒は1人もいませんでした。どのように進めたらよいかわからず、生徒たちがもじもじしはじめたころを見はからって、この授業の中心課題である「振り返り」に入ります。先生は生徒たちをホワイトボードの前に集め、「内省」を促しました。

　「みんな、苦労しているみたいですね」「うん」「今日の目的は何だったかな？」先生は、ホワイトボードの「協力」「周りをよく見る」を指差しました。生徒たちは少しふてくされています。黙り込んで下を向く生徒もいました。先生は、そういう生徒たちをねぎらいながら「この活動は、相手をよく見られた人が完成できますよ。自分だけで完成させようとするとうまくいかないゲームです。さて、チームで今まで周りを見ていたかを振り返ってみましょう。そして、みんなが完成できるには、どうしたらいいか、方法を考えてみてください」

　生徒たちは、先生のキーワード（下線部）に「あ」と思いついたらしく、自分たちの場所にもどると振り返りを始めました。「オレさー、順番に1人ずつみんなで完成させていくといいと思うんだよね」というチームが現れました。一斉に行うのではなくて、3人が残り1人に必要そうなものを自分のパーツからあげることで、1人ずつ完成させようというものです。「対人」知能の基本として4対4を3対1にして、動きを単純にする考え方です。ここには、「論理・数学」知能も働いています。また、別のチームは、「みんなの手元にあるのが見えないからさ、見やすいように、少し場所を広げ

ようよ」と「視覚・空間」知能を働かせました。あるチームは「これって、五角形をつくればいいんだからさ、どの形を組み合わせると五角形になるかをいくつかパターンを真ん中で並べてみたらどうかな」と「博物学」知能を活性化させはじめました。生徒たちの話し合いが一段落したところで、先生は音楽を流しはじめ、「はい、ここから後は、また黙って作業を開始しましょう」と指示をしました。体育館には、静かなバックミュージックが流れ、生徒たちが、先ほどとは打って変わって周囲を見る姿勢や協力する姿勢を見せはじめました。5分後、「できたー！」「わかった！」という声がおきはじめ、完成していく生徒が増えてきました。全員が完成していないチームももちろんありますが、それでも何人かは完成していました。

　最後の「振り返り」において、先生が行ったのは、「言語・語学」知能による体験のまとめです。活動の中で「協力」「周りをよく見る」がどのように実現できたのか、また、同じ作業をする場合にもいろいろな「協力」の方法があることを生徒たちの行った活動を例に挙げながら説明しました。最後に、日常生活でどのように「協力」できるか、どのように「周りをよく見る」ことができるかを問いかけて授業は終わりました。

　このクラスの授業は、この後も一貫して「体験学習」の形式をとり、「身体・運動」から「気持ちの振り返り」へと進みました。さらに、学んだことを「ことば」となぜそうなるかという「論理」に変換するように進めていくうちに、自分たちの行動を言語化する生徒たちの活動が促進されました。

図3-5　小5道徳「協力」における8つの知能

リズムで学ぶ
1. 「仲間集め」
   ・太鼓の音を聞き分ける。
2. 「人間イスの輪」
   ・みんなと近づくテンポを合わせる。
3. 「形合わせ」
   ・リラクゼーションとしてバックミュージック

音楽・リズム的知能

体験を通して学ぶ
1. 「仲間集め」
   ・耳と身体を供応させ、音にすばやく反応する。
2. 「人間イスの輪」
   ・身体接触、重心の移動、バランス感覚
3. 「形合わせ」
   ・パーツを組み立てる。

身体・運動的知能

意味を考えながら学ぶ
1. キーワード学習
   1) 「協力」「周りをよく見る」
   2) ホワイトボードに学習の課題を貼り出しておく。
2. 振り返りカード
   ・体験をことばに置き換える。

言語・語学的知能

自分の発想から学ぶ
1. 活動途中からの振り返り
   ・行き詰まったときに、何が生じているのかを立ち止まって考えてみる。
2. 振り返りカード
   ・体験を振り返り、うまくできなかったときに自分がどうなったかを考える。

内省的知能

対人的知能

やりとりから学ぶ
1. 「人間イスの輪」
   1) 対人距離、相手との動きのスピードを合わせる。
   2) 協力
2. 「形合わせ」
   1) 周囲をよく見る（他者理解）。
   2) 相手がどのような形をつくろうとしているかを考える。
   3) 自分がほしいものをわかってもらえるように、サインを送る（自己表現）。

論理・数学的知能

理屈を考えながら学ぶ
・「形合わせ」
   1) パーツの組み立て方を思考する。
   2) 見通しを立てる。
      パーツをどう組み立てると完成するか、だれに渡すと相手が完成するかを見通す。

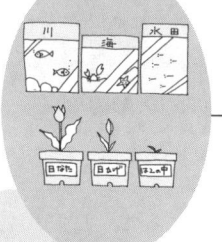

博物学的知能

いろいろなものを学ぶ
1. 「仲間集め」
   ・人数をすばやく数えて分割、組み合わせをする。
2. 「形合わせ」
   1) パーツを整理整頓する。
   2) 同じ形をつくる組み合わせを考える。

視覚・空間的知能

写真や図を使って学ぶ
1. 「仲間集め」
   ・空間把握：どこに何人いるかを見る。
2. 「形合わせ」
   1) 4人が持っているパーツを見比べる。
   2) パーツを回転させる。

3　日本の小学校での展開事例（算数）

　この事例は、学年全体でＭＩを活用した授業に取り組んだものです。著者のワークショップを受講したＦ先生が6年生の算数で取り組むことを学年提案し、合意が得られました。生徒および教師のＭＩのアセスメントから開始し、校内研修でＭＩを導入した後、学年全体で取り組むことになりました。

1――単元の設定

　今回取り組む単元は「単位量当たりの大きさ」です。この単元は、2年生のかけ算、3年生のわり算、4年生・5年生での小数の導入、5年生・6年生の割合や平均の学習と系統的な指導がなされています。それにもかかわらず、"難しい"、"わかりにくい"教材といわれることが多いようです。Ｆ先生はその理由を、2つの数量関係からつくられる問題場面が生徒の体験から離れていたり、現実の生活に関することがらと結びつけられなかったりするため、単位量当たりの大きさの考え方のよさや大切さが理解されにくいからだと考えました。そこで、現実的な問題場面を理解し、そこにある2量の関係や構造を図で表し、さらに論理的な構造として数直線図などをかけるようにしていくために、この授業案を考案しました。

　Ｆ先生が目標としたのは、以下の3点です。

---

① 文章題の問題場面を理解する力を育てる。
② 数直線を使い、数の関係を理解して立式する力を育てる。
③ 単位量当たりの大きさの考え方を現実世界のことがらと結びつけて問題をつくる力を育てる。

F先生は、この単元において生徒が混乱する要因として次の４つに注目しました。２量の関係という実感のしにくさ、小数や分数による演算処理の複雑さ、単位換算などにともなう論理性、そして、問題文中の数値から直接的に答えを求めることができない見通しの悪さです。いずれも高度な抽象概念を操作するものであり、子どもが敬遠しそうな内容です。これらの要因をふまえ、具体的にわかりやすく学習する方法を提案したのがこの展開事例です。

２ 生徒の実態のアセスメント

　F先生は、生徒の実態を理解するために２つのアセスメントを実施しました。１つは、単元に関するプレテスト、もう１つはＭＩの自己診断です。その結果、生徒の実態として以下のようなことがわかりました。

① プレテストによる生徒の単元理解度

	単元の理解の様子	割合（人数）
1	問題を理解し、式を立てることができる	31％（14人）
2	問題を理解しているが、題意に即して立式できない	7％（3人）
3	文章の読み取りの誤りや勘違いなどがある	20％（9人）
4	式が立てられない。正答率が50％以下	42％（19人）

② ＭＩ理論による自己評価について

　F先生は、アームストロング（1999、2002）をはじめとして、ＭＩインベントリーを掲載しているアメリカのホームページを参考にしながら、自分のクラスの生徒用に質問紙を作成しました。そして

それを使って、生徒が得意なことや好きなこと、どのような知能をよく使っているのかを調べました。その結果、この学年には「身体・運動」知能のポイントが高い生徒が最も多く、続いて「論理・数学」と「視覚・空間」知能、次に「言語・語学」、「対人」、「内省」知能となりました。

一方、生徒があまり使っていない知能は、「博物学」であり、「論理・数学」、「音楽・リズム」が続きました。この結果は、生徒が「体験学習」に適していることを示しています。また、それぞれの知能がバランスよく発達している生徒は少なく、「体験は体験だけ、記憶は記憶だけ」で独立している傾向があることも理解できました。

③ セルフアセスメントによるグループ分け

プレテストによる習熟度およびMIについての生徒自身の評価、教師による評価をもとにグループ分けが行われました。

A 「身体・運動」知能が比較的優勢で、自己評価のポイントが全体的に低い。立式が苦手な生徒が多い。

B 「身体・運動」および「視覚・空間」知能が優勢。立式ができないことがある生徒が半数いる。

C 「言語・語学」および「博物学」知能が優勢。「視覚・空間」知能が優勢で「身体・運動」知能が優勢でない生徒を含む。

このグループ分けにより、F先生はそれぞれのグループに対するアプローチを以下のように設定しました。身体を動かすことが得意で、算数には苦手意識が強いAグループは、算数の面白さやわかるという実感を体験することを目標にします。そのために、実際の体験から導入し、それを「視覚・空間」知能を使って図に整理すると

ころまで導きます。「身体・運動」および「視覚・空間」知能が優勢なBグループは、実体験を「論理・数学」知能と関連づけることで立式力を高めていく方法をとります。「言語・語学」や「博物学」知能が優勢なCグループは、文章題を日常生活に応用する力を獲得することを目的にします。「ことば」による導入から始め、「問題を自分でつくる」ことを通して単位量当たりの大きさの考え方が多様に利用されていることを理解します。そして、それを日常生活に利用できる「論理・数学」知能を高めていく方法を考えました。

学習の記憶や定着に最も有効である「体験や考えたことを人に伝える」ことはすべてのグループに導入することにしました。

3——教師のMI自己評価

教師のMIと生徒のMIをマッチさせるために、教師用質問紙を使って3人の教師のMIの状況を調べました。G先生は「音楽・リズム」知能のポイントが高く、「対人」「内省」知能のポイントが低いことがわかりました。H先生は「論理・数学」および「対人」知能がよく働き、「言語・語学」知能のポイントが相対的に低いこと、F先生は「言語・語学」および「対人」知能が高く、「論理・数学」、「身体・運動」、「博物学」知能のポイントが相対的に低いという結果が出ました。以上を考慮して担当するグループを決めました。

授業を実施するに当たっては、教師が1人でしゃべっていることがないように、MI理論を生かして、図や表など視覚的な方法を工夫することを3人の教師で確認し合い、授業計画案を立てました。

4 ── 「単位量当たりの大きさの考え方を使おう」単元指導計画

　以下は、F先生が中心になって立てた単元全体の指導計画案です。学習指導要領に基づき、この単元をどのように分割するかを決めます。その上で、1時間ごとの授業計画案を立てていきます。なお、授業案の組み立て方については、第4章で詳細を述べてあります。

①　ねらい
　◎文章題の問題場面を理解する力をつける。
　◎数直線を使い、数の関係を理解して立式することができる力をつける。
　◎単位量当たりの大きさの考え方を現実世界のことがらと結びつけて問題をつくる力を育てる。

②　実施時間　10時間
　学年を3つのグループに分け、次ページの表3－2の学習計画（全18時間）から、生徒が10時間を選択する。

　F先生は、次ページの授業計画案に基づき、118・119ページのように本時の授業のＭＩホイールを作成しました。これは、後述するＣグループ用のものです（紹介は131ページ～）。同様のＭＩホイールをＡグループ・Ｂグループ用に別々に作成し、授業実施となりました。

表3－2 「単位量当たりの大きさの考え方を使おう」学習計画

	内　容	時　間	ねらい・内容の概要
1	異種の2量	1時間 (Aグループ)	・体験的な活動から問題場面をつくる活動を通して、問題場面を理解する。 ・文章題を解き、説明する。
2	同種の量	1時間 (Bグループ)	・体験的な活動から問題場面をつくる活動を通して、問題場面を理解する。 ・問題づくりをする。
3	時速	1時間	・数の関係を数直線に表して、立式ができるようにする。
4	分速・秒速	1時間	・分速、秒速の意味を理解する。 ・数の関係を数直線に表して、立式ができるようにする。
5	さまざまな単位量	1時間	・異種の2量、同種の量、速さなどのさまざまな問題について、数の関係を数直線に表して、立式ができるようにする。
6	さまざまな単位量	1時間	・全体を1と見るという見方を使って問題が解決できる。
7	さまざまな単位量	4時間程度	・単価、密度、熱量、仕事率、勾配、テンポ、人口密度など、さまざまな単位量があることを知り、問題を解く。
8	現実場面の問題	1時間 (Cグループ)	・「1日に摂取するビタミンCの量と野菜のビタミンC含有量」の問題を学習し、現実場面で単位量当たりの大きさの考え方が使えることを理解する。
9	現実場面の問題	1時間	・「ユニバーサルデザインと勾配」の問題を学習し、現実場面で単位量当たりの大きさの考え方が使えることを理解する。
10	問題づくり	3時間程度	・単位量当たりの大きさの考え方を使って解決することのできる、現実場面の問題をつくる。 ・数の感覚を育てる。 ・理科年表や資料集、インターネットを使って、数量や表などの情報を読み取る力をつける。 ・適切な問題をつくる力を育てる。

1～5は通常授業の内容の定着を目標としている。
6～10は通常授業の内容を活用したり、発展させたりすることを目標としている。

図3－6　小6算数「単位量当たりの大きさの考え方を使おう」における8つの知能

■リズムで学ぶ

音楽・リズム的知能

■体験を通して学ぶ
1. 野菜の重さ
   ・各種野菜1個の重さをはかる。

身体・運動的知能

■意味を考えながら学ぶ
1. 文章題
   ・必要なビタミンCをとるため野菜を何個食べればよいか。
2. この単元で学ぶ単語
   ・「緑色の食品」「栄養成分」「栄養摂取基準」「ビタミンC」

言語・語学的知能

■自分の発想から学ぶ
1. 野菜に含まれるビタミンCについて
   1) ピーマン3個に含まれるビタミンCから1日に必要なビタミンCをとるには何個食べればよいか考える。
      ・野菜1個当たりに含まれるビタミンCを求める。
      ・1日に必要なビタミンCから野菜の個数を求める。
   2) 各種野菜に含まれるビタミンCから野菜をどのくらい食べればよいのか説明する。野菜を食べる量を考える。

内省的知能

対人的知能

やりとりから学ぶ

1. 野菜に含まれるビタミンC
   - 野菜に含まれるビタミンCについて友だちと話し合う。
2. 発表
   - 友だちの発表を聞く。

論理・数学的知能

理屈を考えながら学ぶ

1. ビタミンCの含まれ具合
   1) 野菜の中に含まれるビタミンCの含まれ具合から、実物の野菜の重さに応じたビタミンCを計算する。
   2) 野菜100g中に含まれるビタミンCの量と実際の野菜の重さとの関係を数直線に表す。
2. 立式
   - $76 \div 3 = 25\frac{1}{3}$　　$80 \div 25\frac{1}{3} = 3\frac{3}{19}$

博物学的知能

いろいろなものを学ぶ

1. 野菜のビタミンC
   1) ビタミンCが健康に必要なことを知る。
   2) 各種野菜に含まれるビタミンCを表から調べる。
   3) 1日に必要な栄養や、それをとるために野菜をどのくらい食べればいいのか知る。

視覚・空間的知能

写真や図を使って学ぶ

1. 数直線図をかく

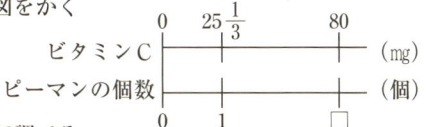

	0	$25\frac{1}{3}$	80	
ビタミンC	├	┼	┤	(mg)
ピーマンの個数	├	┼	┤	(個)
	0	1	□	

2. 表を見て調べる
   1) 栄養摂取基準表
   2) 栄養成分表

第1節　1つの授業で8つの知能をどう活かすか —— 119

5──それぞれのグループの展開

　授業案は、次ページにあるように、①大きな授業の流れ、②中心となる知能と作業目標、内容、手順、③その知能を導く発問、④中心となる知能の作業についていけない生徒への発問の4項目を作成しました。従来の授業案と異なるのは、どの知能にアプローチするかを明確にした上でその知能に働きかけるための具体的な発問を考えたことです。この組み方については、第4章で詳述してありますので、参考にしてください。それでは、A、B、Cのそれぞれについて、どのような授業展開になったのかを紹介します。

① 「身体・運動」知能が優勢なAグループ

　Aグループの主な流れは、「体験」を「視覚・空間」知能を用いて線分図にすることです。その後、「論理・数学」知能に結びつけて単位換算をします。

　授業開始のベルがなっても、算数だとわかっているせいか生徒たちの集まりはよくありません。また、普段とは異なる教室設定に不安がる生徒や落ち着かない様子を示す生徒も現れました。しかし、「身体・運動」知能が中心のAグループは、教壇の上のおいしそうなカルピスにすぐに気づきました。「せんせー。何それ？　うまそー。ほしー」と一気に集中力が高まりました。

　G先生は、すばやく授業案に入り、「今日は、カルピスを用いて単位量当たりの大きさを勉強する」ことを伝えました。ユニット1で、カルピスを味わって「体験」するときは、生徒たちは生き生きとして活動していましたが、黒板に問題が書かれたとたんに、教室の雰囲気は沈みました。ユニット2に入り、実験の中でどういうことが起こっていたのかを先生が整理しながらことばで説明しても、「ブドウカルピスはおいしかった」「色が濃かった」と言うだけです。

授業案：「単位量当たりの大きさの考え方を使おう」1　指導者：G先生

濃さ、含まれ具合において単位量当たりの大きさを考える場面を理解する。
単位量当たりの考えを使って現実社会での問題を解く。

大きな授業の流れ	中心となる知能と作業目標、内容、手順	その知能を導く発問	中心となる知能の作業についていけない生徒への発問
コップが3つ。カルピスA、B、Cはかさと濃度が異なる。飲んでみる。飲んでみてすぐわかるものとわからないものがある。中に入っているカルピスのかさとカルピス原液のかさを知る。	「身体・運動」 同じカルピスの味の違いを感じる。 「論理・数学」 味の違いは、カルピスの量とカルピス原液の量とによることに気づく。	「3つともカルピスだけど何が違うかな。色？他には、味？飲んでみよう」 「カルピスの原液がたくさん入っていても大きな入れ物でつくれば薄くなるね」 「同じ味のカルピスをつくるためには、何がわかればいいでしょう」	「スプーンですくって飲むんだよ。口の中で味わうようにして」 「カルピスの原液だけだとおいしいかな？」 「おいしいカルピスのつくり方を知って、自分も楽しいし、家族や友だちにもサービスしよう」
カルピスとカルピス原液のかさを数直線図で表す。	「身体・運動」 定規を使って線を引く。 「視覚・空間」 線上に目盛りをつける。 「論理・数学」 線上に数値を決める。カルピスのかさと原液のかさの関係を数直線に表す。カルピス1dℓ当たりの原液のかさを見るには、下にカルピス、上に原液のかさをかく。数直線図から立式する。	「定規を手前において、引くよ」 「目盛りはどこにつければいいかな」 「カルピスの味や濃さを考えるので、まず、カルピスのかさをかこう。そして、その中に原液が含まれている。原液は上かな？下かな？」 「数直線図から式を立てて計算しよう」	「関係だけがわかればいいときは細かい目盛りはいらないね。今は、4つだけでいいね」 「カルピスとその中の原液を絵にかこう。カルピスの中に原液が含まれているね。入れ物やいくつ分など全体を下の数直線にかくよ。下の全体が上の部分をのせたり、入れたり、含んだりするよ」
1dℓの含まれ具合の求め方を数直線図を使って説明する。発展問題の解法も説明する。	「博物学」 カルピスづくり 「言語・語学」 文章題を作成する。発展の問題文を読む。 「視覚・空間」 数直線図をかく。 「論理・数学」 数式をかく。 「対人」 発表する。発表を聞く。	「おいしいカルピス1dℓには、原液が$\frac{1}{5}$dℓ含まれています。おいしいカルピス$\frac{3}{2}$dℓには、原液は何dℓ含まれていますか」	「おいしいカルピス1dℓ当たりの原液のかさがわかればいいね」 「何を求める問題なのか、何の数が出ているのかきちんと理解しよう」

実験内容を「公式化」するために先生が数直線図をかいて説明しても、ほとんどの生徒はつまらなそうな顔をしていました。次第に手遊びやノートへのいたずら書きが始まりました。「見てみる」の段階で必要なのは、実際に見ながら「何を見るか」という変数を決めることです。つまり「論理・数学」知能を用いて詳細を見る練習です。育てたい知能に働きかける発問の重要性はここにあります。先生は、生徒にカルピスを見せて次の発問をしました。

先生　「この２つのカルピス、どっちがおいしかった？」
生徒　「右のほう！」
先生　「そうだね。こっちがおいしかったね。じゃあ、舌で味わう以外に、この２つを見比べて違うことを１つ考えてください」
　　　（ここで、考えるテーマと変数を決める。）
生徒　「右のほうが色が濃い！」
先生　「そう。色が濃いですね」
　　　（結果を導いた要因に焦点を絞る）
　　　「何dℓ原液が入ってましたっけ？」
　　先生は、$\frac{1}{5}$、$\frac{2}{5}$、$\frac{3}{5}$と目盛りがうってある1dℓのカップを見せながら問いかけました。
生徒　「$\frac{1}{5}$dℓ。でもさー。なんか気持ち悪いよね。$\frac{1}{5}$dℓとかって…」
先生　「そうだね。まあ、分数にもなれてください」
　　　「では、色の違う様子をこれから図にかいていきますから、よく見ててくださいね」
　　先生はそう言ってから、入れたカルピスの原液を拡大した紙を黒板に置きました。

ステップ1：立体を平面図にする

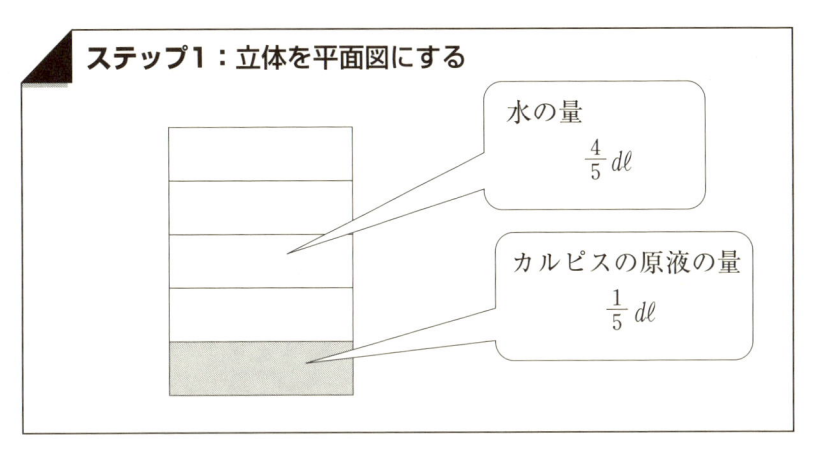

水の量 $\frac{4}{5}$ dℓ

カルピスの原液の量 $\frac{1}{5}$ dℓ

ステップ2：平面図を数直線図にする

おいしいカルピスに含まれる原液と水の量

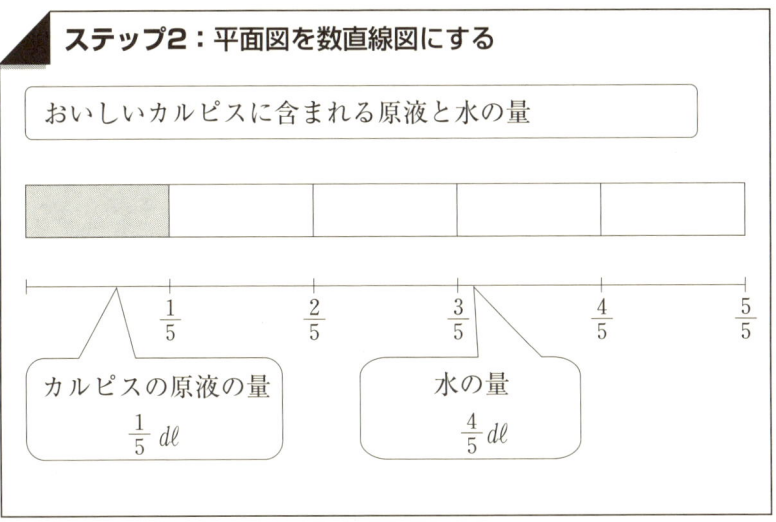

$\frac{1}{5}$　$\frac{2}{5}$　$\frac{3}{5}$　$\frac{4}{5}$　$\frac{5}{5}$

カルピスの原液の量 $\frac{1}{5}$ dℓ

水の量 $\frac{4}{5}$ dℓ

ステップ3：数直線図の意味をことばにする

「おいしいカルピス1 dℓをつくるには、原液は $\frac{1}{5}$ dℓ必要」
つまり、求めたい全体の量と必要な原液の量は
　　　　　　　1 ： $\frac{1}{5}$　　　でした！

立体から平面、そして数直線図、その後にことばにしていくという段階を追ったので、生徒は理解しやすくなったようです。G先生は、生徒の得意な「身体・運動」知能に働きかけるために「できるだけ黒板を見ないで自分たちでノートに同じ図をかいていく」ように指示しました。作業を通じて、記憶力を高めるためです。聞いているときは、「なるほど、なるほど」と言っていた生徒も、黒板を見ないで自分でかくとなると、「え？　なんで全体が4じゃないの？　だって4㎗なんでしょ」と混乱したり、「せんせー。色つけてもいい？」と「論理」ではなく、「作業」に没頭する生徒も出はじめました。「身体・運動」知能優勢のグループが「論理・数学」知能を働かせるのは至難の業のようです。ある程度の生徒が数直線図をかけた段階で、先生は次の課題に進みました。

> **問題**
>
> おいしいカルピス 1 ㎗には、原液が $\frac{1}{5}$ ㎗含まれています。
> おいしいカルピス $\frac{3}{2}$ ㎗には、原液は何㎗含まれていますか。
>
> 　　ヒント：それぞれの文に合うように線分図を1本ずつかいて比べてみよう！

　文章になったとたんに、先ほどやった数直線図は忘れてしまったように、生徒は「わかんないよー」とざわざわしはじめました。絵のときは右脳を活性化していたのに文字を理解するときには左脳を活性化しないといけないからです。G先生が工夫をしたのは、文章中の数字の位置をそろえて示したことです。「視覚・空間」知能優勢の生徒の場合、文章の中に含まれる文字や単位がそろっていると視覚的に比較しやすくなります。また、ヒントには、「1文に対し

て、1つの線分図をかく」という一対一対応を示して、「論理思考」の変数を絞っています。

「身体・運動」知能優勢の生徒の場合、わからなくても動作を始めるという特徴があるので、生徒はすぐに定規と鉛筆で線分を2本引きました。そこで、先生は、「2つの文は数字が違うだけで、同じことをすればいいんだよー」とヒントを出しました。生徒は、とにかく線分を引き、そこに数字を入れて比較しはじめました。

【生徒のノートの例】

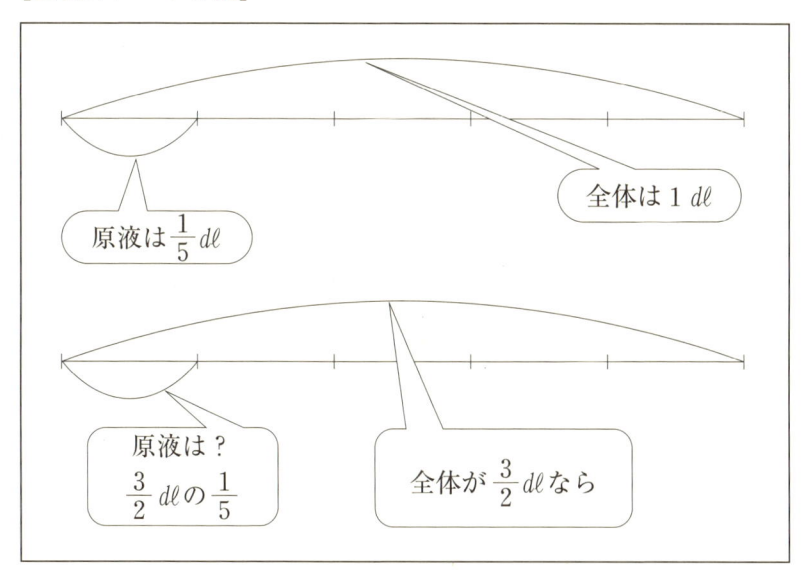

- 原液は $\frac{1}{5} d\ell$
- 全体は $1 d\ell$
- 原液は？ $\frac{3}{2} d\ell$ の $\frac{1}{5}$
- 全体が $\frac{3}{2} d\ell$ なら

生徒はかなり苦労しながら2つの線分を比較していました。次に先生は「一対一」の「対人」知能を活用しました。机間支援を開始し、わかりそうな子からヒントを与えて、立式を完成させていきます。先生が1人に丁寧に説明することで、わかった子がとなりの子に教えていくという「教えの連鎖」を活性化させたのです。およそ10分の間に、先生が教えた1人が次の1人に、次は2人が2人に、

続いて4人が4人にと教えはじめました。教えながらわからないことが出ると、わかっている子に聞いて確かめるという行動も見られました。中には、助けを求められずに1人で困ったまま机に突っ伏してしまう生徒もありましたが、そのような生徒は先生が援助し、授業終了までにほとんどの生徒が立式をすることができたのです。

このように、体験が好きな生徒の場合、生徒自身が何らかの活動をするということを念頭に学習活動を組んでいくとクラスのグループダイナミクスを活用することができます。また、体験する前に予想を立ててみたり、違う種類のものを当てはめる「代入法」を用いて考える活動を通して、「論理・数学」知能が活性化されていくようになります。ただし、「身体・運動」知能からいきなり「論理・数学」知能に入ると、右脳と左脳がつながらずに混乱します。要所要所に「脳の扉」を開けて橋渡しをする「発問」や「板書」が必要になります。

② 「身体・運動」「視覚・空間」知能が優勢なBグループ

「身体・運動」と「視覚・空間」知能が優勢なBグループでは比重の概念を用いて、水、サラダ油、洗剤の単位量当たりの重さを求めることにしました。取り入れたのは、目に見える形で比重を示すという手法です。

Bグループも、体験から入ることはAグループと同じです。まず、3つの液が何かを見た目から推測させます。次に3つの液に触らせて、その感触から違いを体験させます。水はさらさら、サラダ油はつるつる、洗剤はどろどろです。右脳が活性化したところで、苦手な「言語・語学」や「論理・数学」知能に働きかける質問に入りました。

授業案：「単位量当たりの大きさの考え方を使おう」2　　指導者：H先生

水、サラダ油、洗剤の重さを比べるには、単位量当たりの大きさを用いることを理解する。単位量をもとに文章題をつくり、互いに解答する。

大きな授業の流れ	中心となる知能と作業目標、内容、手順	その知能を導く発問	中心となる知能の作業についていけない生徒への発問
水、サラダ油、洗剤、液体にもさまざまな性質がある。色、におい、感触、重さ…。一番重いのはどれだろう。重さをはかる。かさもはかり、1dl当たりの重さを比べることに気づく。	「身体・運動」「博物学」 メスシリンダ、はかりを使って実際にはかる。 「視覚・空間」「博物学」 測定結果を表にする。 「論理・数学」 かさと重さに関係があることに気づく。 「対人」 グループで協力して活動する。	「よく見て」「触ってごらん」「重さをはかろう」「かさをはかろう」 「調べたことを表にしよう」 「重さをはかるだけでは重さについての性質はわからないね」 「水1dlの重さは決まっているよ」	「目盛りの読み方に気をつけて」 「どうすると結果を見やすく整理できるかな」 「たくさん集めれば重くなる。重さを比べるには、このままでいい？」 「はかる人、記録する人など交代してできるように話し合ってごらん」
測定したことをもとに、重さとかさの関係を図にしたり数直線にしたりして表す。数式で表す。	「身体・運動」 定規を使って線を引く。 「視覚・空間」 線上に目盛りをつける。 「論理・数学」 線上に数値を決める。重さとかさの関係を数直線に表す。1dl当たりの重さを見るには、下にかさ、上に重さをかく。数直線図から立式する。	「目盛りはどうつければいいかな」 「数は、どこに書きますか」 「重さの線の次にどこにかさの線をかいたらいいでしょう」 「数直線の下の数で割れば1当たりが計算できるね」	「だいたい、6cmくらいの線を引くといいよ」 「数直線では、自分で1の目盛りを決めよう」 「重さが増えればかさも増えるよ。そのことが数直線でよくわかるようにしてみよう」 「数直線図に割り算の記号が隠されているよ」
1dl当たりの重さの求め方を数直線を使って説明する。式を立てる。	「博物学」 1dlの重さが軽いと浮く。 「言語・語学」 活動から文章題を作成する。水、油、洗剤それぞれの1dl当たりの重さを求める文章題。友だちの問題を解く。 「論理・数学」 数式をかく。 「対人」 発表する。発表を聞く。	「今、調べたことを算数の問題にしよう」 「友だちの問題を解いてみよう。数直線をかいてみよう」 「式はどうなるかな。隠れた÷を見つけて」 「わかったことを発表しよう」	「油の重さはどれだけでしたか。かさはどれだけでしたか」 「何を求める問題なのか、何の数が出ているのかをきちんと理解して」 「よくわかったかどうか、感想などもあとで言ってもらいたいので、よく聞いて」

先生　「さて、触った感触以外でこの3つの液の違いがわかる
　　　　方法をもう1つ考えてください」
生徒　「もうないよ！」
先生　「それが、あるんだな。何かをすると違いがわかるんだ
　　　　けど…」
生徒　「えー。わかんない。ヒント！」
　　　（このように、生徒からヒント！という希望が出ること
　　　　もありますが、出ない場合は、こちらからヒントを出す
　　　　と、動機づけを下げずに次の作業に入ることができます）
先生　「この机の上にある物を使います」

　先生はそう言いながら、机の上にある3つの物を示しました。1つは温度計、もう1つははかり、最後は定規です。抽象思考が苦手で具体的な操作が得意な生徒の場合、具体的に物を見せることで抽象思考に近づきやすくなります。
　生徒は、ぴんときて、口々に「はかりだ」と言いはじめました。このときに大切なのは、明らかに答えがわかるようにしながら、はかるという同じ概念を異なる方法ではかる物を置いておくことです。また、正しい答えがすぐに当てられたとしても1つ1つの道具が何をはかる物なのかを言語化していきます。
　これは、温度計は「温度の違い」、はかりは「重さの違い」、定規は「長さの違い」をはかるものであるということを確認するためです。言語化をしないと、「視覚・空間」知能優位の生徒には、はかりは「目に見えるはかり」でしかなくなってしまいます。「視覚」と「ことば」を結びつけることによって、次に「はかり」を見たときに、「映像」とともに「役割」がワーキングメモリー上に降りてきやすくなるのです。

実際にはかってみると、一番重いのが洗剤、次が水、一番軽いのが油であることがわかりました。ここで、授業の核心となる発問が始まります。

　　先生　「さて、同じ量なのに、それぞれ重さが違いましたね。では、これから1dℓ当たりでどのくらい違うのかを線分図で表してみましょう」

　「体験」を「論理性」を用いて図にするのは、Ａグループ同様難しかったようです。そこで、先生は黒板に3本の線分図をかき、目盛りのうち方やどこに何を書き込むかを丁寧に発問しながら進めていきました。生徒は、Ｈ先生の発問に導かれながら、上に重さ、下にかさを書き込みました。そして、1dℓ当たりの重さを求める式を作成していきました。
　「論理・数学」知能が活発でないと、見たものは見たまま、言われたことは言われたままになりがちです。したがって、この授業のポイントは、体験を「論理」に結びつける公式をどうやって自分で導き出すかということです。そのためＨ先生は、線分図を作成するときに丁寧に論理思考を導くようにしたわけです。また、Ｈ先生は、授業中に生徒から出た質問に対して、必ず一度は生徒が自分で考えるようにするという姿勢を示しました。例えば、できた線分図を黒板である生徒が説明しているとき、声が小さくて後ろの子には聞こえない場面がありました。

　　生徒　「聞こえませーん」（事実を伝えているのみ）
　　先生　「どうして、聞こえないのかな？」
　　生徒　「だって、うるさいんだもん」

先生 「じゃあ、聞こえるようにするには、あなたはどうしたらいいと思う？」

　生徒は、黙ってしまいました。いつもなら、言われた相手が大きな声にするか、代わりに先生が繰り返してくれたりしていたからです。そこで、H先生は、こう教えました。
「どんなに小さい声でも、耳をすませば聞こえるんだよ」
　生徒たちはシーンとなり、同じ大きさで話す生徒の声を真剣に聞き取ろうとしたのです。
　このように、「論理性」や解法への「公式」は、生徒自身が困難に直面したときに最も受容されやすくなります。

　授業は、この後お互いに問題をつくり合って解くという方向に進みました。最後に、「比重の違う3つの液体を同じビーカーに入れるとどうなるか」という実験についてそれぞれ仮説を立て、その結果を実験で確認して終了しました。このとき、うまく3層に分離するように、H先生は洗剤のかわりに濃い蜂蜜を用意して実験しました。3つの液体を混ぜる前には、生徒は「混ざっちゃうよ」と言っていましたが、3つの液体が次第に3層に分かれていくと、そのようすを「うわー」と感激して見とれていました。「ね。比重が違うってこういうことなんだよね」授業で学んだことが実感をともなって記憶された瞬間でした。

図3－7　3層に分かれました

③ 「言語・語学」と「博物学」知能が優勢なCグループ

　Cグループは、「言語・語学」と「博物学」知能優勢の生徒が集まっています。つまり、自分でわかったことを自分なりに整理して話せる生徒です。テストの成績もよく、算数の文章題もさらさらと解答していきます。しかし、彼らは、与えられた問題や課題に決まったやり方で対応することは得意ですが、「なぜそうなるのか」を論理を整理して実体験に応用していくことは、あまり経験していません。

　この授業のハイライトは、生徒たちの「博物学」知能が活性化され、それにともなって知識同士の関連性をつなぐ「論理・数学」知能が活性化する瞬間です。また、このグループには「視覚・空間」知能のポイントが高いけれども「身体・運動」知能のポイントが低いのでノートを全くとらない生徒が1人いました。ところが、この生徒は、授業が進むにつれて、周囲の生徒の「博物学」知能の影響を受けるようになりました。見たものを見よう見まねで整理することができるようになり、ノートの書き方がどんどん変化していったのです。

　F先生の授業案は、132ページにあります。まず、生徒が得意な「言語」での導入から始まりました。この導入方法は通常の授業と変わらないように見えますが、「言語」が得意な生徒にとっては、自分たちが一番活性化しやすい「言語・語学」知能（左脳）がむくむくと動き出すために必要なことなのです。F先生は受験勉強で疲れている生徒たちに語りかけながら、「今日の学習内容が健康な身体とどう関係しているのか」について熱く語りました。例えば、ビタミンCは、肌の張りを保ち、しみや小ジワを防ぐことや、ウィルスや細菌に対する抵抗力を高め、カゼや感染症を予防したり、ストレスを和らげるといったことです。「お母さんがイライラしてたら、紅茶にレモンを多目に入れるといいかもね」などと、冗談も交えて

授業案：「単位量当たりの大きさの考え方を使おう」3　　指導者：F先生

生活に使われる単位量当たりの大きさの1つとして栄養成分の含有量について知り問題を解く。単位量当たりの大きさの考えを使った現実的な応用問題を解けるようにする。

大きな授業の流れ	中心になる知能と作業目標、内容、手順	その知能を導く発問	中心となる知能の作業についていけない生徒への発問
3個で1パックのピーマンには76mgのビタミンCが含まれている。人は、1日に80mgのビタミンCが必要。ピーマンを何個食べれば、1日に必要なビタミンCをとれるか考える。	「言語・語学」問題文を読みとる。「身体・運動」実物のピーマンを見る、さわる（25g程度のもの）。「言語・語学」「博物学」ピーマンは野菜や果物の中でもビタミンCが豊富。生や炒め物で食べるとよいことを知る。「論理・数学」自分で単位量当たりを決める、つくる。数直線図をかき、式を立てる。「内省」考えを説明する。「対人」他の人にわかるように説明する。	「ピーマンを嫌いな人が多いでしょう。でも、ピーマンにはとっても栄養があるのです。果物や野菜のことを知って、算数の力を使えば、私たちは自分の体を健康にできるんだよ」「ビタミンCは、成長やストレス対策に欠かせない物で、きちんととれば、ガンの予防効果もあると言われています。」「この問題では何を求めるのですか？」「数直線図では、何を下に書きますか」「単位量当たりの大きさをまず求めることを説明するとわかりやすいですね」	「感触は、重さは、味は？生で食べたことはありますか？何色の食品かな？」「ストレスがたくさんあると集中できないね」「3個で76mgだということがわかっています」「求めたいのは、ピーマンの個数ですね」「ピーマン1個当たりに含まれるビタミンCは？」「数直線図の下には、ピーマンの個数を書きましょう」「考えた順番に従って説明してみましょう」「数直線図は、自分の考えを自分で整理するのにも、人に説明するのにも便利に使えます」「発表するときは、人の顔の方を見て、口を開けて発表しましょう」
いろいろな野菜に含まれている栄養成分を示した表を見て、1日に必要な栄養をとるには、どのくらい食べればいいか考える。	「身体・運動」「博物学」野菜の重さをはかる。栄養摂取規準表を見る。栄養成分表を見る。「論理・数学」摂取量を計算する。「言語・語学」「内省」調べたことを発表。「対人」他の人にわかりやすく発表する。	「野菜を1日に何個食べればいいのか求めてみよう」「わかっている数からどのような考え方で答えを求めていくのか考えよう」「自分の調べたことを数直線図と式に整理して、発表しよう」	「初めの問題と同じくビタミンCで考えるとわかりやすいでしょう」「栄養成分表で野菜100g当たりに含まれる栄養成分の量がわかります。1g当たりも求められるね」「どんな野菜のどんな栄養についてなのかわかるように書きましょう」「数直線図を使うと数値の関係がわかるよ」

授業を進めていきました。

生徒の緊張がほぐれてきたときに、本題に入ります。以下の問題を黒板に貼りました。

> **問題**
>
> 「3個で1パックのピーマンを買いました。その3個のピーマンには76mgのビタミンCが含まれています。人は、1日に80mgのビタミンCが必要です。このピーマンを何個食べれば、1日に必要なビタミンCをとれるでしょう。ピーマンの大きさや重さはどれも同じと考えます」

これは、「言語」を用いた問題です。生徒は、「なげー」と言いながらもさらさらと式にしようとしはじめました。「博物学」知能が優れていますから、問題を読んでさっと「比の問題でしょ」と解法の公式に当てはめることができるからです。「3：76は、□：80を解くんだから…」「内側同士をかけたのと外側同士をかけたのがいっしょなんだよね」と生徒は計算を始めました。しかし、生徒たちが問題文の数字とその解き方だけに注目していたため、先生はストップをかけました。

　　先生　「ちょっと待ってね。この問題は、何を求めるのですか？」
　　生徒　「80mgのビタミンCをとるには、ピーマンを何個食べればいいかでしょ？」

　ことばには反応しますが、生徒は、F先生の意図が理解できていないようです。

　　先生　「今日はね、算数を使ってみんなの健康に役立つ情報を学ぶんでしたよね。だから、まず、100g当たりに含ま

　　　　れるビタミンCを調べます」
　生徒　「えー。めんどい」「答えが出りゃいいじゃん」
　先生　「はい。考えるのはめんどうだから、めんどうでないよ
　　　　うに、数直線図をかいて問題を整理するやり方をしてみ
　　　　ようね。はい。注目」

　先生は、生徒を1人黒板の前に呼び、図をかきながら説明させました。生徒は、ひとつひとつ図をことばに置き換えていきます。
　彼らは「言語・語学」知能は発達しているので、友だちの発表には耳を傾けますが、論理性が未発達であるため、「なぜそうなるのか」や「これをするとどうなるのか」というような論理性には興味が低いようです。数直線図のかき方がわかったところで、自分のノートに数直線図をかかせました。中には、だるそうに机に突っ伏している生徒も現れました。そこで、先生は予測するという「論理・数学」知能と実験するという「身体・運動」知能を活性化させることにしました。

　先生　「単位量当たりのビタミンCの量の出し方がわかったの
　　　　で、1日に必要なビタミンC80mgをとるには、ここにあ
　　　　る野菜では、それぞれ何個くらい食べないといけないか
　　　　調べてみましょう」
　生徒　「えー。みんな同じじゃないの？」
　先生　「じゃーん。それが、違うんです。この表には、100g当
　　　　たりに含まれているビタミンCの量が書かれています。
　　　　ちょっと見てごらん」

　「博物学」知能が活性化しはじめました。表には、にんじん、し

いたけ、キャベツ、やまいも、トマトなどさまざまな野菜と100ｇ当たりに含まれるビタミンＣの量が書かれていました。

 先生 「一番多いのは、何だ？」
 生徒 「とうがらしだ。すっげー100ｇで120㎎もある。じゃあ1個でじゅう…」「待てよ。とうがらしって小さいよね。じゃあいくついるんだ？」
   「キャベツも多いよ！」
   「にんじんって、何、こんなしかないの？　いったい何本食べればいいのお？」
   「しいたけ、ゼロだって。親が食え食えっていうけど、言ってやろー」
   「ねえ。これなんて読むの？　ふゆ（冬瓜が読めないが、文字には興味がある）」
 先生 「とうがんって読むんだよ。冬の瓜ね。スイカといっしょでうり科だね。薄味だな」

「言語・語学」と「博物学」知能が優勢な生徒たちはわいわい言いながら表を眺めています。先生は次のユニットに進みました。

 先生 「では、ここにいろいろな野菜があるので、いったい何個食べればいいのか問題をつくってみてください」
  生徒は、問題をつくりはじめました。
   「にんじん100ｇには、1.43㎎のビタミンＣが含まれています。80㎎のビタミンＣをとるには、いったい何本にんじんを食べればいいでしょうか」
   「キャベツ100ｇには、17.1㎎の…」という具合です。

問題ができた人から実際に野菜1個の重さをはかります。にんじん1本の重さがわかったら、今度は、にんじん1本当たりに含まれるビタミンCの量を計算します。最後に必要な本数が出るという次第です。重さをはかるところまではできたのですが、1本当たりに含まれる量を出そうとすると混乱しました。F先生は、机間巡視しながら「論理・数学」知能に働きかける発問をし続けました。

　　先生　「さっきと同じ公式だよ。にんじん1本は150gだったね。じゃあ、100gに1.43mgだったら、にんじん150gには何mgになるんだ？　数直線図をかいてごらん」

　生徒たちは、先生の発問に支えられながら次々と自分の問題を解いていきました。できた生徒は、お互いに問題を交換して解き合いながら、「ひどーい。にんじん37本だって。うさぎになっちゃうよ」「お、ゆでキャベツなら、1個だ」「カリフラワーは効率いいぞ。半分でいいみたい」など、わきあいあいの内に授業は進みました。最後に先生は、「いいか。にんじんばっかり食べてたら飽きるだろう。効率よく、バランスよくビタミンCをとれるような食生活になっているか、今晩のおかずを調べてくるんだぞ」と日常生活への応用を宿題にして終了となりました。

第2節 総合的な学習における展開事例

1 中学校における実践例

　第1節で、1つの授業の中に8つの知能を組み込む方法を紹介しました。ここでは、「総合的な学習の時間」の展開例を紹介します。

　以下に紹介するのは、ボストン郊外の中学校において「国語」「体育」「美術」を合わせて展開した例です。ＭＩは横断的な授業で展開すると学習の幅が広がり、子どもたちも1つの事項について総合的に学ぶ機会が得られます。しかし、学内でいきなり教科同士が連携した「総合的な学習」を展開するのは困難です。ところが、この例では、1つの総合的な学習が学校全体の授業変革へのきっかけとなりました。

　なぜ、この学校で学校全体の組織的改革に結びついたのか、実践例を紹介しながらいっしょに考えていきたいと思いますが、これは指導困難校で生徒に日々対応されている先生方への示唆を多く含んでいることを先にお伝えしておきます。

　この学区には、低所得者層や離散家族、生活保護を受けている家庭が多く、少年による万引きや窃盗が日常茶飯事でした。生活が安定していないために栄養状態が悪く、生徒たちはいつもイライラしていました。学校に来ないでギャング仲間に入っている生徒もいます。また、生徒の多くは教室に入っても勉強が全くわからず、寝るか教室のすみで別のことをしているという状況でした。プログラム導入時の生徒たちの行動観察の結果は、138ページの表3－3の通りです。

1——対象クラスの状況

対象クラスではけんかがたえず、協力することが苦手でした。行動観察をした結果、表3−3で示されたような能力が不足していることがわかりました。

表3−3　知能傾向と生徒のようす

知能	生徒のようす
言語・語学	短い単語や隠語で話す。自分の気持ちや抽象的な内容を表現することばは発達していない。
論理・数学	数量の把握や、ものごとの関係性をつける力が不足している。
対人	関係性は「勝つか負けるか」という闘争になる。他者理解や、グループ活動で協力するというスキルが不足している。
音楽・リズム	生徒が聴いている音楽は、ビートのきいたロックかラップが多い。
視覚・空間	座り込んで下を向いていたり、手元だけを見ていることが多く、自分がいる空間全体を見通す能力が不足している。
身体・運動	エネルギーはありそうだが、力の調整ができない。ルールのある運動が苦手。運動の持続が困難。
内省	考えることは苦手。やりっぱなしが多く、自分の体験をことばにする経験が不足している。
博物学	与えられた情報には興味を示すが、自分から情報を収集したり、実際に活動して学習する体験学習の経験が少ない。集めた情報を整理する力も不足している。

まず生徒が授業に興味関心を持つために「体験学習」を導入することから始めました。その手法としてプロジェクトアドベンチャープログラム（ＰＡ）を用いました。ＰＡは「やってみる（身体・運動）」「見てみる（視覚・空間）」「考えてみる（言語・語学、内省、論理・数学、博物学）」「改善策を話し合う（対人、論理・数学）」と進むため、ＭＩの８つの知能を自然に組み込むことができます。また、集団生活が苦手でルールに従わなかったり、劣等感が強いので競争をさけようとする生徒たちが集団スポーツを行うのは至難の業ですが、ＰＡのさまざまなゲームはこれを可能にします。体育の教師が中心になり、ゲーム感覚で授業を展開しながら身体を動かさせ、その途中や終了後に体験をことばで振り返るということを繰り返しました。生徒が体育を好きになりはじめたころ、「体育」「国語」「美術」の総合学習プランを実施することになりました。

2──授業の展開例

> 体育（身体・運動、視覚・空間、音楽・リズム）
> →国語（言語・語学、論理・数学、音楽・リズム）
> →美術（視覚・空間、身体・運動、音楽・リズム）

まず、この授業の導入として「体育」の概念を変えることから始めました。ＰＡのさまざまなゲームを導入した身体ほぐし運動を行ったのです。生徒たちは勝ち負けのないゲームに興味を覚え、楽しそうに遊ぶ仲間を見ながら少しずつ活動に加わるようになりました。ＰＡの特徴は、「チャレンジ・バイ・チョイス（自分の意思で選ぶ）」ですから教師は決して無理強いはしません。「やろう」と思う生徒が参加し、「少し休もう」と思えば休んでもＯＫです。これまでは「最初から最後までルールにしたがって参加していなければ、

参加資格なし」だったので、最初からあきらめていた生徒たちでしたが一部だけでも参加するようになりました。次に、先生は体育館でのルールを貼るようにしました。先の「ワードウォール」の応用です。生徒の目につくように、やってほしい行動を「フルバリューコントラクト（みんなが参加できるための約束）」として貼り出したのです。そこには「楽しく活動しよう」「お互いに声を掛け合おう」「すぐれたところをほめ合おう」「安全に活動しよう」ということが書かれていました。

さて、いよいよ目的の授業になりました。ジョギングを行います。体育館の中では、ストレスが高まるので、河原に連れ出して、自分のペースで橋を渡って、時間内にスタート地点にもどるという課題を設定しました。屋外に出るとどこかに行ってしまう生徒もあるため、いくつかのポイントには先生たちがカードを持って立ち、それを集めてきたら単位になるようにルールを決めます。運動能力のばらつきが大きいため、速く走りたい生徒はスピード競争をしますが、そうでない生徒は早歩きや散歩のスピードでも時間内にもどれればよいことにしました。

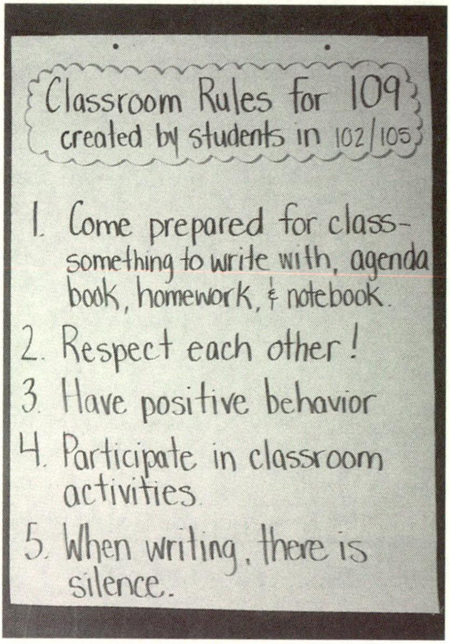

早春の緑が目にやさしく、時折耳には、鳥のさえずる声が聞こえます。草むらから猫が飛び出してきたり、水面に魚が跳ねたりしています。最初は「たりー」と言って途中

図3-8　フルバリューコントラクト

で寝っ転がってさぼっていた生徒も、寝っ転がって見た空の色に思わず深呼吸し、自分が転がっているそばを友人が歩いていく足音を聞くと、時間には少し遅れはしたもののスタート地点にもどってきました。

　先生は、みながもどってくると振り返りを行いました。時間がたつと見たもの、感じたものを忘れてしまうからです。「何を見つけた？」と問いかけると「空」「光る水」「猫」「一生懸命に走っている友だち」「さぼってるやつ」「風」というような答えが返ります。

　先生は全てを受け入れ、次の時間の「国語」の先生に「内省」と「ことば」での表現を依頼しました。

　「国語」の授業では、先の時間に見つけたものを「ことば」にする活動を行うことになっていました。しかし、生徒には、イメージをことばにするだけの語い力が不足していました。先生は、幼児がことばの学習をする辞典から絵カードにしたことばを３つの箱に入れて用意し、生徒たちが歩き回りながら、自分が見つけたものを表現できる「ことば」を探せるような工夫を行いました。

　「色の箱」には、さまざまな色とそれを表すことば
　「形容詞の箱」には、もののようすを表すことば
　「動詞の箱」には、動きを表すことば
が集められていました。

　先生が３つの箱を用意したのは、生徒が動き回ることで右脳を活性化させながら、左脳の言語能力を働かせるようにしたためです。運動後の彼らが席に座って、文字だけを見はじめると眠ってしまうこと、また、ことばそのものを知らないので、不快感が高まり、せっかくの体験が不快体験に変わってしまう可能性があったのです。

　ことばを選んだ生徒に、先生はそのことばをつなげる方法として俳句の方式を教えました。日本びいきであった国語の先生は、五・

七・五で情景や気持ちを表現する日本の俳句のすばらしさを知っていたためです。この学校の生徒たちに、長いことばを用いて、自分の気持ちを表現させようとしても、無理があります。したがって、彼らがよく使っている短いことばの応用として、同じように短くても優れた表現ができる俳句を生徒に教えたわけです。生徒は、喜んで単語をつなげはじめました。

Jog like Cat, Bress Deeply field
Look green leafs, floating Silver water
「猫みたいに駆け回る。　草むらで思いっきり空気を吸い込んだ。見て、銀色の水面をゆらゆらゆれて流れていく緑の葉っぱ」

文法やスペルは気にしないで、気持ちを単語にして表すことに重点を置きました。国語の先生は、生徒たちの詩情に驚いたそうです。
翌日の美術の授業では、水彩画を描きました。色紙には、自分が昨日書いた俳句が貼ってあります。その俳句をイメージしながら絵を描くのです。先生は、まず、3色選ぶことを伝え、絵筆を横にすーっと引くことで自分が見た色を描かせました。心のイメージを描けと言われても、抽象的なことがらを考えたり感じたりすることが苦手な生徒は混乱するからです。枠組みの中で自由度をあげる。これも実は「論理・数学」知能の応用です。つまり、数と形という変数を決めたわけです。また、この作業には「内省」知能も含まれます。というのは、3色と決められたことによって、「どの色にしようか」「どういう並び方にしようか」「昨日見た景色は」と自己の内省に深く入ることができるからです。集中思考の適用です。もし、「自由に描きなさい」と指示したら、拡散思考になってしまうので、生徒たちは「色」「形」「方向」「組み合わせ」などたくさんのこと

を考えなくてはなりません。したがって「難しい」「できない」と感じてやる気が減退してしまいます。そうならないように工夫が必要です。

　生徒たちが選んだ色は、若草の緑、空の青、土の茶色の他、オレンジや真っ赤もありました。線の幅や方向は自由に決めてよいため、勢いがあるものもあれば、静止しているように見えるものもあります。その後、その色を背景にして細筆で自分が走るイメージを描かせました。次のような作品ができ上がってきました。

Jog before stretching
Push to a faster level
Jog just right for you
走る、ストレッチの前に
ちょっとずつ、スピードを上げていく
自分のペースで走るのがいいね

Our Gym is BIG space
Learning friends and lots of games
My favourite class

僕たちのジムはでっかいんだ
友だちといっしょに学ぶんだ
いっぱいゲームをしてさ
体育は僕の大好きなクラスさ

3──総合的な学習が学校にもたらした影響

　生徒たちの作品は廊下に飾られました。今まで自分たちの作品をみんなに見てもらえる機会がなかった生徒たちはとても喜びました。この後、生徒たちは授業に積極的に参加するようになりました。

　体育の先生たちの取り組みが、この地区の優秀教師「Teachers of the year」として表彰されることになり、その成果が地区から期待されるようになりました。これを機に、生徒の学ぶ意欲を取りもどすために学校全体での取り組みの必要性を感じた学校長が、大学からスクールサイコロジストを招き、スーパーバイザーとするようになりました。学校改革として取り組んだのは前述の体験授業をはじめ、授業時間の延長、独自の教科書を作成すること、および教室環境の整備、ティームティーチングの実施などです。

①　授業時間の延長

　まず、生徒の興味関心にもとづく体験学習を通じて、ＭＩの授業を実践するには、これまでの授業時間を延長する必要性がありました。動機づけを行い、体験授業後に振り返りを行うには通常の50分授業では中途半端になってしまうのです。そこで、授業は全て90分に延長しました。最初の20分は読書時間とし、生徒たちは自分の好きな本を読んでいいことになりました。「脳の沈静化と文字への導入をしてから授業に入るほうがよい」というアドバイスがあったためです。

　生徒たちは、最初はどの本を読んでよいかわからず、本を持ってこない生徒もいましたが、図書室にペーパーバックを用意していくうちに、静かに座って本を開くということができるようになっていきました。

② 独自のテキスト・教材の作成

　また、生徒が授業に興味を持つように、理科と数学のテキストは、生活と学習内容が適合した構成に変換することになりました。例えば、理科の教科書は「総合科学」として構成されており、ある単元ではハチの生態（生物）から始まり、コミュニケーションとしての8の字ダンスの説明に進みます。太陽、花の位置関係を説明しながら、角度（数学）が導入され、最後は体育の陣取りゲームにつながるように構成されていました。

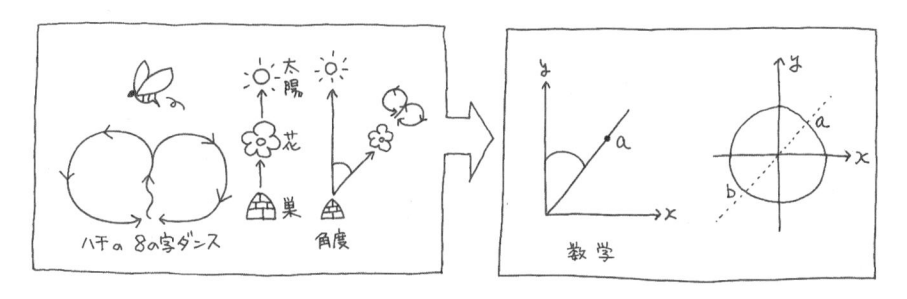

　また、言語的な理解の補助として具体的に作業できる教材が作成されたり、導入されたりしました。例えば、数学で図形を学ぶためにブロック教材を用いたり、個人で問題が解けるコンピュータソフトを導入したりするなどです。

③ 教室環境の整備

　教室環境でまず工夫されたのは、廊下です。生徒たちの作品を貼り出すほか、今月の約束をワードウォールとして貼り出すようになりました。これも遊びごころの工夫がしてあり、「間違いを探そう」というロゴが入っています。つまり、約束ごとを書いた単語の中にわざとスペルが違うものを含ませておき、探し出せたらポイントがもらえるというイベントにして生徒の注目を集めるようにしたのです。

第2節　総合的な学習における展開事例—145

教室内の工夫としては、講義内容の動機づけや補助として視覚教材を壁に貼ることおよび、教室の座席配置を授業内容によって変形することでした。座席配置を工夫したのは、授業内容がわからなくなった生徒の授業からの逸脱を防ぎ、授業中に教師が生徒と個別に対応しやすい配置にするためです。講義形式の授業の際には、教師を半円で取り囲む座席配置、あるいは、授業のポイントを示したイーゼルの近くに生徒が座る配置、語学や社会など教師との個別のやり取りが中心の場合はロの字型、数学や理科などでグループ作業を行う場合は机を合わせる配置になりました。また、個別に作業をする場所として壁際にも机を並べ、仕切り板で仕切りました。

　壁には「この教室のルール（フルバリュー）」や「ワードウォール」、教科内容に関するポスターが貼られました。教科書や授業内容が視覚的に理解できるようにするためです。例えば、角度を学ぶ数学の教室では、角度を視覚的、空間的に把握しやすいように、教室の壁に「30°」「60°」など教室の中心からの角度が貼ってあったり、月の満ち欠けが教室の壁で展開したりしました。

図3－9　ワードウォールの例

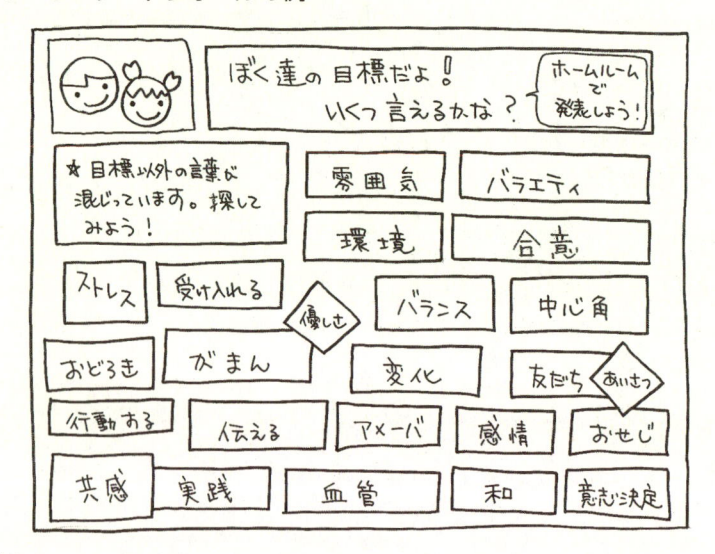

④ ティームティーチング、ティーチャーズエイド（ＴＡ）の工夫

　授業を複数の教師で実施することがスクールサイコロジストから提案されました。教師の負担が増えるので反対もありましたが、大学からのインターン学生の派遣や時間割を工夫しながら進めていきました。

　この取り組みで学校を改革するのには７年間の年月を要しましたが、その結果この中学校では不登校がゼロになり、州が規定している進級試験の合格率も上がっていったのです。彼らは「ゴールはひとつ。学び方はいろいろ」をモットーに、州の進級試験の基準を組み込みながらさまざまなＭＩ授業を展開しています。

図３-10　中学校の玄関では、算数の勉強をしている立体の恐竜が毎日出迎えている

2 高等学校における実践例

　以下の事例は、アメリカの公立の高等学校において展開された事例です。この高校は全学を挙げてTQME（Total Quality Management in Education）つまり、教育の総合的な品質管理に取り組んでおり、現場での実践的学習と教室での座学を2週間ずつ組み合わせた独自のプログラムを組んでいます。この学校も10年前までは、他校と変わらず教師が一方的に講義をするという形式だったのですが、生徒の学習への意欲が上がらないばかりか、ドロップアウトや問題行動の増加、進学率の低下などが発生し、根本的に授業のあり方を見直す必要性が出てきました。

　学校全体を変革するためには核となる理論が必要です。1980年代に脚光を浴びはじめたハワード・ガードナー博士のＭＩ理論のワークショップを受講した教師がこれをTQMEシステムの根幹におくことを提案しました。その結果、これまでの「チョークアンドトーク」という教師が黒板に張りついて一方的に講義する形式から、生徒が主体的に学べる体験学習、実践学習方式に変換していったのです。

　授業が変わったことで生徒が主体的に学習に取り組むようになり、進学率が上昇するのみならず、実学で鍛えられた後に就職した卒業生の質の良さが地域で定評になりました。職業観が育つと同時に、教科学習が実社会でどのように役立つのかについて具体的な理解が進んだためです。これまでは、自分には全く縁がないと思っていた三角関数や、割合

図3-11　学校内の銀行
銀行、レストラン、購買部なども授業の一環として生徒によって運営されている。

などへの興味が増しました。

　もう１つ、学習に対する真剣な態度を生み出すきっかけとなる授業があります。それはさまざまな現場での実践的な学習です。実践を通して相手にするのは実際のお客様ですから、ミスは許されません。これまで「この程度でいいや」と思っていた仕事が完璧でないと所定の賃金をもらえないばかりか、いいかげんな仕事をすることによって生じたミスの責任をとらなくてはならないのです。

　「仕事に99％でいいということはない」ということを教える極めつきの授業が、自動車の解体と組み立てです。１台の車を与えられた生徒は喜んで解体しますが、解体したら今度は組み立て直しです。マニュアルを見て仕上げていくのですが、でき上がったらビスを１本はめ忘れていたと気づきます。とりあえず車は動きましたが、教師は全てチェックし直させました。また、もし事故があった場合どれだけの損害になるかを実感するために、この１台の損害だけではなく、他の車の回収、修理、代車費用のほかに自社製品の売り上げ低下などを数学の時間に計算させました。

　別の実習では、製品ができ上がったのに、配送先の住所の聞き間違い、書き間違いで届け先を誤るということがあったり、仕入れる部品を作業工程のどの段階で補充すればよいのかという数の予測や輸送のための連携などを読み間違えたために、１日作業ができないという体験もありました。これまで人の話をいいかげんに聞いていたり、スペルもいいかげんに覚えていた生徒たちの表情が変わってきました。「100％の仕事をしろ」生徒たちはこのことばの意味を体験を通じて知り、以後どのような学習や作業にも真剣に取り組むようになりました。

　さらに、作業を１冊のポートフォリオ（ファイル）にまとめることで、自分の失敗がどういう過程で生じたのかについて振り返りやす

くなるような工夫をしました。体験学習は、失敗を修復することに意義があります。したがって、失敗こそが学びのチャンスになるのです。生徒は自分の失敗を教師と十分に考えた上で、もう一度計画を練り直してやり直すことを繰り返しながら100％の学びを実践していったのです。その結果、地域から実践的な学習のための職場の提供、教材の提供などが行われるようになりました。地元で優れた人材が確保できることを企業が喜んだためです。例えば、市でコンサートが開かれる場合、美術とコンピュータの授業でポスター製作を行い、生徒の優れた作品がコンサートのポスターとして採用されます。また、ガーデニングの仕事が依頼されることもあります。

次のCase 1、Case 2 は、この学校の総合的な学習の例です。

Case 1　レストラン実習（学内のレストランにおいて）

家庭科　カロリー計算、食材の安全性、調理方法の学習
社　会　マナー学習、経営方法、広告、従業員のマネージメント、ゴミ処理、環境問題など
数　学　利益率、統計処理（毎日の集客と材料の仕入れ、タイムマネージメントのための表計算など）
美　術　メニューの書き方、イラストの描き方、顧客動員のためのチラシの作成など
保健・体育　感染症、衛生に関する知識
音　楽　バックミュージックに適する音楽
体　育　無駄のない動線の確保、長時間立っていても疲れない姿勢やバランスよく食器を運ぶ腕の筋肉トレーニングなど

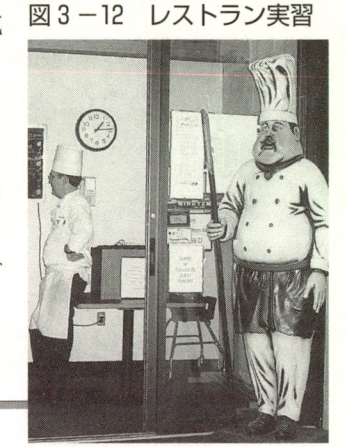

図3－12　レストラン実習

| Case 2 | 低所得者のための住宅の設計と建築実践 |

社　会　雪の量の調査、木材の性質、地方の木材の調査
地　学　気候、気象予測
物　理　電気配線、熱効率のよい住宅
数　学　雪の重さに耐えられる屋根の角度
美　術　内装、気持ちが落ち着くデザイン

図3－13　生徒が建てた住宅の写真を集めたもの

　Case 1のレストラン実習では、最初の2週間それぞれの教科において実践準備の基礎的知識を身につけます。その後、2週間は実際にレストランで実習します。レストランは毎日営業しており、教師や生徒が利用しています。Case 2の授業では、市から実際に委託されて低所得者のための住宅を設計しています。

MIを活かした教室での1年生の授業
写真提供：Forestdale School　無断転載不可

参考文献
Armstrong, T. (2002)「You're Smarter Than You Think」Free Spirit Publishing
ウイリアム・J・クレイドラー／リサ・ファーロン／リビー・コウレス／イラサハイ・プラウティ著（2001）プロジェクトアドベンチャージャパン訳「対立がちからに」みくに出版
プロジェクトアドベンチャージャパン編（2005）「グループのちからを生かす」みくに出版

実践編

第 **4** 章

ＭＩ（マルティプル　インテリジェンス）を活用した授業づくり

　本章では、第３章で紹介したような授業は、どのように組み立てていくのかについて解説します。ＭＩの授業案で大切なのは、８つの知能を含んだＭＩホイールを作成することです。したがって、まず生徒のＭＩを見立て、次に、活性化されている知能を基本にしながら、伸ばしたい知能を決めます。その上で学習単元の目標と照らし合わせながら、どの項目はどの知能を用いると最も学びが促進されるかについて考えていきます。

第1節 自分のクラスの生徒の知能傾向を知る

　第3章の実践例の中には、通常の授業内でできそうなものもあれば、学校をあげての取り組みが必要なものもありました。「おもしろそうだけれど、自分がやるには難しそう」、「学校が協力してくれるだろうか？」と思われた方もあると思います。また、MIを取り入れたばかりの先生から出される疑問に、『教師側はMIをフルに活性化して授業をしているけれど、生徒が相変わらず受身なのはなぜ』というものがあります。『生徒の「視覚・空間」や「身体・運動」知能を働かせるのは簡単だけれど、「論理・数学」や「博物学」知能を活性化するにはどうしたらよいだろう』という質問もあります。MIの主役は生徒です。教師が何かを見せたり、実演したり、説明したりするということではありません。生徒が見たり、動いたり、ことばにしたり、整理したり、考えたりする授業が大切なのです。

　まず、MIを導入しようと思うクラスの実態を観察してみましょう。8つの知能のどれを活性化している生徒が多いのかを調べ、グループに分けます。詳細に観察すると一人ひとりの8つの知能のバランスは異なりますが、一斉授業では、4グループ程度に分けると授業案もグループ作業も進めやすくなります。生徒のMIを見立てる方法には以下の3種類があります。

1　行動観察による理解
2　質問紙による理解
3　担当している教師からの聞き取りによる理解

---

1 行動観察による理解

　行動観察の対象になるのは、①生徒自身の行動、②生徒の作品や試験の答案の2つです。生徒自身の行動は、日常の行動と授業中の行動に分けて観察します。また、観察は客観的に見る視点を決めておく必要があります。

　作品や試験結果などを観察する場合は、同じ時期に表現されたものを比較しながらカウンセラーや専門家といっしょに見る必要があります。ある特定の状況下で表現されたものである可能性があるためです。また、作品から理解を深めるには、生徒へのインタビューを行うことを薦めます。客観性を増すためと生徒自身が自分の行動に気づきやすくするためです。

図4-1　行動観察は生徒の行動と作品の両方から見立てる

第1節　自分のクラスの生徒の知能傾向を知る——155

行動観察は、授業中と休み時間に行います。状況が異なると活性化されている知能が変わるためです。例えば、ある生徒は授業中とてもおとなしいのですが、休み時間になると友だちとのおしゃべりに花を咲かせます。これは、授業中には「言語・語学」「対人」「身体・運動」知能が活性化されていませんが、休み時間になると働き出すということです。では、このような生徒に授業中質問したら答えることができるでしょうか？　できる生徒もいれば、できない生徒もいます。答えられる生徒は、授業内容が理解できているため、「論理・数学」「言語・語学」知能が活用できていることがわかります。答えられない生徒は、この知能がうまく活用できていないことになります。あるいは、人前で発表することへの不安が高く「対人」知能が活動しにくいのかもしれません。したがって、生徒の知能を見立てる場合には、どのような状況で伸ばしたい知能が活性化されやすいのかを日常の行動観察から把握しておく必要があるのです。
　次ページに行動観察の補助となるシートを紹介しておきますので、参考にしてください。

2　質問紙による理解

　生徒に自分が普段どのような知能を使っているかを質問紙で問う方法があります。アメリカにおいては、さまざまなホームページにおいて自己判定用の質問紙が紹介されています。当てはまる項目に「はい」「いいえ」で答えて集計を出す簡易なものもあれば、「全く当てはまらない」から「とても当てはまる」までの5択に数値化して集計を出していくものまであります。特に、後者はLD（学習障害）児の脳のバランスをアセスメントするために教師が用いています。ただし、MIを調べる質問紙は、現在まだ標準化はされていないので、標準化がなされるまでの間は第1章で説明した8つの知能

表4-1 行動観察補助シート

対象生徒（　　　　　　　）　記入者　（　　　　　　　）
観察日時　月　日　　活動内容（　　　　　　　　　　　　）
　生徒の行動を授業中に観察し、以下の項目がどの程度あるか、1～4のうちの1つに○をしてください。

情報を見たり、聞いたりしているときの生徒の様子			よくある	たまにある	ほとんどない	全くない
1	先生が話をしているとき	① 熱心に聞いたり、メモを取っている	4	3	2	1
		② うなずく、言われた行動をすぐにする	4	3	2	1
		③ 聞いたことに、表情豊かに反応している	4	3	2	1
		④ 質問をしたり、意見を言おうとしている	4	3	2	1
		⑤ 資料を見たり、図や絵を描いている	4	3	2	1
		⑥ 内容についておしゃべりをしている	4	3	2	1
		⑦ 話の内容について考えている	4	3	2	1
		⑧ 先生や生徒の話を整理したり、これまで習ったことと比べている	4	3	2	1
2	先生が板書しているとき	① 先生が書くのをじっと見ている	4	3	2	1
		② 次々と書き写している	4	3	2	1
		③ 字の大きさや色を工夫して書いている	4	3	2	1
		④ 内容の意味や他のこととの関係などを質問している	4	3	2	1
		⑤ 教科書や資料を見比べながら書いている	4	3	2	1
		⑥ 板書についておしゃべりをしている	4	3	2	1
		⑦ 書き写したり、考えたりしている	4	3	2	1
		⑧ 情報を整理して書き方を工夫している（ノート、資料集、教科書に印をつけるなど）	4	3	2	1
3	先生が質問したとき	① 質問の意味を確認したり、先生の質問や生徒の答えをノートに書いている	4	3	2	1
		② すぐに、手をあげて答えようとする	4	3	2	1
		③ 答えた生徒に合いの手を入れたり、正解者に感嘆の声を上げたりしている	4	3	2	1
		④ 先生や生徒に疑問点を質問したり、批評したりしている	4	3	2	1
		⑤ 答えている生徒を見たり、答えをメモしたり、教科書や資料と見比べている	4	3	2	1
		⑥ 質問についておしゃべりをしている	4	3	2	1
		⑦ 質問の内容を一人で考えている	4	3	2	1
		⑧ 他の生徒の答えを整理している	4	3	2	1

自由記述：行動観察をしながら気づいたことを記入してください。

項目（14・15ページの図1-4）と8つの知能の早見表（172・173ページの表4-3）をチェックリストにして調べてみてください。第3章の小学校のF先生は、アームストロングの"You're Smarter Than You Think"（2002）に紹介されているチェック方法を参考にしながらクラスの生徒の状況を把握しました。

　ＭＩに関する質問紙は日本ではまだ標準化されていないため、信頼性が不足しています。行動観察と自己採点を組み合わせることで生徒理解を促進してください。

3　担当している教師からの聞き取りによる理解

　生徒の知能は、教科によって活性化される状況が異なりますから、それぞれの教科を担当している教師から情報を集めると多角的な理解が深まります。ただし、担当の教師が客観的な行動観察の視点を持って生徒を見ている必要があります。具体的な場面を取り上げて、そこで生徒がどのような知能を使っていたか、情報を集めることになります。もし、一人ひとりの特徴を把握していない場合は、クラス全体としての雰囲気を聞きます。その際に大切なのは、教師がどのような行動や問いかけをしたときに、生徒がどのような反応をしたかを聞き取ることです。刺激の種類に対する反応の違いによって8つの知能の使い方がわかるからです。

第2節 活性化している知能と伸ばしたい知能を見立てる演習

　行動観察によって得られた情報から生徒がどのような知能を使っているのかを見立てていく方法を説明します。次の事例を読み、集めた行動観察の資料から生徒の知能の状況を164ページの表に整理してみてください。なお、それぞれの知能について詳細を知りたい場合は第2章を参照してください。

1　活性化している知能を見立てる

> **課題１**：以下の事例を読み、このクラスの５つのグループの生徒の知能を見立ててください。

【事例】　小学校４年生　35人（男子23人、女子12人）のクラスです。行動観察の結果、大きく分けて５つのタイプ（A～Eとする）の生徒がいることがわかりました。

> **Aグループ**（８人）：活動的。作業・実験が好きで、じっと人の話を聞いているのは苦手な生徒。

　授業中はいすに座っているが、手、目などはいつも動いている。となりを見たり、後ろを見たり、ノートにいたずら書きをしたりという具合である。先生が、「わかる人」というと、「はい！　はい！」と立ち上がって指名してもらおうとする。見たいものがあると、さ

っと先生の近くまで動いていく。身体の動きが活発で、作業が好き、運動も好きである。ただし、作業内容は、丁寧な生徒もいれば雑な生徒もいる。

いつも身体を動かしていることが多く、先生が説明していたり別の生徒が答えているときも、聞いている様子はあるが、近くの子と話していることが多い。

休み時間は、屋上か校庭に走っていき、仲間を集めて「天下」や「中ぶつけ」などの遊びを楽しんでいる。校庭に出る時間が他学年より遅れた場合でも、特にもめることなく、場所取りができている。

> **Bグループ**（5人）：おしゃべり好き。たわいない会話を楽しむが、考えるのは苦手な生徒。必要最低限のことを直前に語呂合わせなどで覚えてテストをこなそうとする。

この生徒たちは、おしゃべりが大好きでいつもとなりの子としゃべっていたり、当てられてはいないのに答えたりしている。教科書は開いていないか、開いていても見ていない状態が多い。教科

書や黒板を見て、すぐにわかる問題には取り組むが、説明が難しかったり、かいてある図から推測して考えないといけない問題は苦手である。

ノートには、先生から「ここは必ず書く」といわれたもののうち、大事そうな単語がばらばらに書いてある。

休み時間は、おしゃべりに花が咲く。話題は、昨日のテレビやゲームの展開についてだが、内容は、「知ってるよ。それ、よくない？」というような断片的な単語の羅列であり、気持ちや抽象的なイメージを想像するような内容は観察中には見られなかった。

Cグループ（2人）：一方的なおしゃべりが好き。

授業中は、じっと黒板や教科書を見ているが、自分が知っている話題になると突然しゃべり出す。知っている内容を伝えたいため、先生が制止しても話を続けていることもある。

休み時間は、ほとんどひとりでいることが多い。本を読んでいるか、自分の話を聞いてくれる相手を見つけて自分が好きな話題について話している。相手が困った様子でいるのには気づいていない。

Dグループ（15人）：従順で、先生の指示にひたすら従う。自分から考えたり行動したりするのは苦手な生徒。

このクラスには、このタイプの生徒が最も多い。授業開始前にはきちんと座り、先生の指示通りに黒板の記述をノートに写し、先生が話した内容を繰り返したりメモしたりする。宿題もきちんと行ってくるし、規則も守る。一方、当てられると答えるが、わからない質問だったり、自分の考えを問われたりすると「わかりません」と言って黙り込むか、「教えてください」と依存的になる。

休み時間は、誘われれば遊びに行く。トラブルがあっても、黙り込んでしまうか、自分が謝って相手の言い分をのんでいる。

Eグループ（5人）：行動の意義を常に問いかけるタイプの生徒。

このグループの生徒たちには、さまざまなものに興味・関心を持って「なぜだろう？」という考察を深めるタイプの生徒と、「なんでこんなこと覚えるの？」「やってどうな

るの？」と他者からの投げかけに対して、批判的に反応するタイプがいる。したがって、授業中の作業に対して「なんでそんなことを勉強しないといけないんですかー？」と言って、指示に抵抗する場合もあれば、「それおもしろいですねー。例えば、こうなるんですかね？」と考えを深める場合もある。算数や理科では尊敬される一方、考察が先に来るので、国語の場合は、深読みしすぎて正解から外れてしまう場合もある。

休み時間は、将棋、囲碁、パズルなどをして遊んでいることが多い。

2 伸ばしたい知能を見立てる

活性化している知能が見立てられたら、これから伸ばしたい知能を探ります。生徒は、自分が使いやすい知能をベースにして学習をしようとするので、普段使っていない知能は行動観察では見つけられないことが多いためです。したがって、生徒にさまざまな知能の刺激を与え、どのような反応を示すか、行動観察します。

例えば、「おしゃべり好き」の生徒に「質問に答える」という課題を与え「論理・数学」知能がどの程度活性化しているかを調べます。あるいは、筆記の課題を与え「書字」の様子を観察します。得意な「言語・語学」知能を用いて他の知能の様子を調べるわけです。これは、表面的に見えやすい形にしたほうがアセスメントしやすいためです。

同様に、「身体・運動」知能が優勢な生徒の場合には「自分が行った運動をことばにしてみる」という課題で「言語・語学」知能を調べたり、「運動がどのような組み立てになっているかを図式化する」という課題で「論理・数学」知能を調べることができます。それぞれの知能の組み合わせは第2章各節の「知能の組み合わせの表」を参照してください。

> **課題2**：課題1の5つのグループそれぞれに対し、活性化している知能とこれから伸ばしたい知能を以下の表にまとめてください。

グループ	活性化している知能	伸ばしたい知能
A 活動的。作業・実験が好き。じっと話を聞いているのは苦手。		
B おしゃべり好き。考えるのは面倒。テストは一夜漬けタイプ。		
C 自分が興味のあることについての一方的なおしゃべりが好き。		
D 従順。受身。自分から考えたり行動したりするのは苦手。		
E 行動の意義を常に問いかける。		

一通り、見立てができたら、次の解説を読んでください。

> （Aグループのまとめ）
> 活性化している知能：「身体・運動」「対人」「視覚・空間」
> 伸ばしたい知能：「博物学」「内省」

　Aグループは、「活動的。作業・実験が好き。じっと話を聞いているのは苦手」であることから、「身体・運動」知能が活性化しているのがわかります。また、「校庭に出るのが遅くなっても、もめることなく場所を取れている」という観察内容から「視覚・空間」「対人」知能を活用していることもわかります。空いている隙間を上手に見つけたり、場所の交渉をしたりできるためです。また、「先生の質問に挙手して答えようとしている」ということからは、「対人」知能の中でも「他者理解」ができていることがわかりますし、「論理思考」が働いていることもわかります。一方、「先生が説明しているときや、別の生徒が答えているときには、おしゃべりしている」ため、「内省」知能はあまり使っていないようです。「作業内容が丁寧な生徒もいれば雑な生徒もいる」という観察内容からは、「博物学」知能が活性化していない生徒もいることがわかります。したがって、Aグループの生徒には、「博物学」「内省」知能を中心に伸ばす必要があるのです。

> （Bグループのまとめ）
> 活性化している知能：「対人」「言語・語学」「音楽・リズム」
> 伸ばしたい知能：「論理・数学」「内省」「視覚・空間」

　まず、活性化している知能には「対人」「言語・語学」「音楽・リ

ズム」があります。Bグループは、「おしゃべり好き」であることから「言語・語学」知能が十分に活性化していると判断しがちです。しかし、「たわいない会話を楽しむが、考えるのは面倒」や「テストは、必要最低限のことを語呂合わせ」、さらに、会話は「断片的な単語の羅列であり、気持ちや抽象的なイメージを想像するような内容は見られない」「見てすぐわかる問題には取り組む」ことから、この生徒たちの「言語・語学」知能は、単語や表面的な会話が中心であり、「内省」や「博物学」、「論理・数学」知能と組み合わせたものではないことがわかります。

　また「対人」知能も自己中心的な関係性の段階でとどまっており、「当てられてはいないのに答える」とあるように、場を読むということができていません。これは「視覚・空間」や「論理・数学」知能が活性化していないためです。「視覚・空間」「論理・数学」知能が活性化していないことは、「教科書は開いていても見ていない」や「かいてある図から推測して考えないといけない問題は苦手である」という観察結果からも推測することができます。

（Cグループのまとめ）
活性化している知能：「言語・語学」「論理・数学」「博物学」
　　　　　　　　　「内省」
伸ばしたい知能：「対人」「音楽・リズム」「身体・運動」

　Cグループの特徴は、「言語・語学」知能です。文字、音声両方とも得意ですが、「対人」や「音楽・リズム」知能が使われていないため、一方通行のおしゃべりになっています。これは、「休み時間は、ほとんどひとりでいることが多い。本を読んでいるか、自分の話を聞いてくれる相手を見つけて自分が好きな話題について話し

ている」という記述からわかります。「音楽・リズム」知能には、相手の抑揚や場の雰囲気を感じ取る力も含まれているため、これが活性化していない場合は場が読めなかったり、相手がどういう意図で話しているのかをくみ取ることが苦手になります。したがって、「相手が困った様子でいるのには気づいていない」といった状況が生じてしまうのです。

　「博物学」や「論理・数学」知能が活性化していることは、興味がある話題についてさまざまな知識を持っている様子からわかります。ひとつのことについて深く説明していくためには、論理性や知識を整理する力が必要だからです。また、先生の話をじっと聞きながら、自分の興味のある話題を聞き分ける力があることからも「博物学」知能が育っていることがわかります。Cグループは、「対人」と「音楽・リズム」知能を中心に活性化していくことにより、持ち前の「言語・語学」「博物学」「論理・数学」知能がより効果的に働くようになるのです。

　しかし、これまで人に対する愛着が少なかったCグループの生徒の「対人」知能を活性化させるのは容易なことではないでしょう。このような場合には、本人たちが持っている知識欲を活性化させるために「対人」知能を利用することを薦めます。つまり、人の話を聞くことで自分の知識欲を満足させていくのです。まず、自分の話をさせ、次に同じ話題について相手から自分が知らない内容を話してもらいます。このようにして、次第に質問をし合うというように、枠を決めながら「対人」知能を使う方法を教えていきます。人と話すことで相手の声の調子や話すスピードに慣れていくと、「音楽・リズム」知能も活性化されていきます。こうすると、間や場の雰囲気なども理解しやすくなるのではないでしょうか。

> （Dグループのまとめ）
> 活性化している知能：「言語・語学」「音楽・リズム」「視覚・空間」「対人」
> 伸ばしたい知能：「論理・数学」「博物学」「身体・運動」

　Dグループは、従順で自分から考えたり行動したりするのは苦手な生徒です。このタイプが15人とクラスで最も多いため、このタイプの生徒を積極的に育てていくことによりクラスの雰囲気が変わっていく可能性があります。このタイプが多いクラスの場合、まとまるのも崩れるのも教師のリーダーシップ次第ですので、留意してください。

　まず、このグループの生徒に不足しているのは、「なぜ？」を考える「論理・数学」知能です。したがって、適切な考え方から教えていくとよいでしょう。素直な生徒たちですから、1つのことをじっくり考える「内省」の方法やものごとの整理をする「博物学」知能を育てることで、ゆっくりではありますが、自分で考える力をつけていきます。

　ただし、「わからない質問だったりすると、すぐに『わかりません』と言って黙り込む」ということから、これまで行っていないことに対する不安やできないことに対する劣等感が強いこともうかがえます。

　したがって、この生徒たちの優勢な知能である「視覚・空間」や「言語・語学」を用いて、具体的な見通しや「できそう」という安心感を与えることを薦めます。一般的に「言語・語学」知能が優勢な場合、「できない」と思い込むと「右脳」に「意思」や「運動企画」が伝わりにくくなるためです。

> （Eグループのまとめ）
> ・考えるのが好きなタイプ
> 　活性化している知能：「論理・数学」「言語・語学」「内省」
> 　伸ばしたい知能：「博物学」「対人」「身体・運動」
> ・反抗的・批判的なタイプ
> 　活性化している知能：「言語・語学」「身体・運動」
> 　伸ばしたい知能：「内省」「論理・数学」「音楽・リズム」「対人」

　このグループの生徒は「論理・数学」知能が優勢なために行動する前にその意義を常に問いかけるタイプと、「対人」知能が活性化していないために反抗的、批判的に反応するタイプがあります。

　「論理・数学」知能に優れており「それおもしろいですねー。例えば、こうなるんですかね？」と考えを深める生徒は、さまざまなものの成り立ちに興味・関心を持っているため「言語・語学」「視覚・空間」知能が活性化していることがわかります。一方、ことばはことばだけ、具体的なものはものだけで整理したり論理的に考えることはできても、両者をつなげることは苦手なようです。それは「考察が先に来るので、国語の場合は、深読みしすぎて正解から外れてしまう場合もある」ことから推測することができます。

　反抗的・批判的な生徒の場合は、見たもの、聞いたものが自分の行動パターンと異なるときに不快感をすぐことばにする傾向が見られます。通常は、右脳で受けた情報を言語化して左脳に入れ、「博物学」知能を働かせてさらに情報を集めたり、集めた情報を組み立てる「論理・数学」知能が働きます。この２つの知能が不足していると、新しい事態を拒絶したくなるのです。また、「身体・運動」と「論理・数学」知能がうまく連動せず、異なるできごとのスピードやリズムを楽しむ「音楽・リズム」知能も活性化していません。

第3節 伸ばしたい知能に上手に働きかけるには？

　MIを用いた授業案では、8つの知能をバランスよく取り入れることが大切です。しかし、苦手な知能を使うにはストレスがかかります。では、生徒の苦痛やストレスが少ない状態で自分の苦手な知能を伸ばすには、どのような知能を組み合わせた授業を行うとよいのでしょうか？

　この節では、第2節の例を用いて説明していきます。

1 活性化していない知能を上手に伸ばす

> **課題**：第2節の課題のそれぞれのグループに対し、活性化している知能を用いて、活性化していない知能を伸ばす方法を提案してください。

　課題を考える手立てとして、次のページの表4－2に記入してみましょう。対象生徒の知能を左の欄に書き、彼らが好きなこと、得意なことを箇条書きにしてください。その上で彼らに適した学び方を考えてみます。「こういうことが好き」「こういうことをするのが得意」の欄は、対象の生徒の実態を記入してください。思いつかない場合は、172・173ページの表4－3「8つの知能の早見表」を参考にしてください。

表4−2　対象生徒の活性化している知能と伸ばしたい知能一覧

活性化している知能	この生徒たちが好きなこと	この生徒たちはこういうことをするのが得意	彼らに適した学び方は？
知能			
知能			
知能			
知能			
伸ばしたい知能	こういうことが好き	こういうことをするのが得意	適した学び方
知能			
知能			
知能			

第3節　伸ばしたい知能に上手に働きかけるには？——171

表4-3　8つの知能の早見表

	〜するのが好き	〜するのが得意	適した学び方
言語・語学的知能	文字や文章で書かれたものを読む。文字や文章を書く。話を聞く。話をする。	単語を覚える。文、公式をそのまま覚える。基礎知識の暗記詳細な事柄を覚える。	流れをつかみやすいストーリーにして覚える。文章や単語を声に出しながら覚える。図や絵はことばに置き換えて理解する。講義形式＋講義に関する復習反復練習・パターンプラクティス
論理・数学的知能	はっきりした手順や目的意識を持つ。実験をする。数を作業の対象にする。自分の疑問を解明する。ものごとの関係性や規則性を探る。	算数・数学文章題を解く。論理的に考える。分析・推測・代入（仮説・公式化等）問題解決	単元の目的を明確にする。単元同士の関連性を理解する。課題に自ら答える形式のワークシート実験前の予測・仮説数値を用いた説明公式を活用した課題プロセスが理解しやすいチャート学習
内省的知能	1つのことを深く考える・感じる。自分の関心を追求する。哲学書を読む。	集中する。直感・感覚的な理解興味・目標の追求オリジナルな方法で行う。	ひとりで作業する。個性を際立たせる課題に取り組む。自分のペースで教えてもらう・学ぶ。明確な役割を持つ。静かに考えられる空間を持つ。
視覚・空間的知能	図や絵をかく。空想・夢想する。組み立てる・設計映像を見る。立体的なもので遊ぶ。	映像を想像する。目に見える変化を記憶する。地図を読む。図やグラフの読み取り空間を上手に使う。	絵・図式化して学ぶ。（白地図・イラスト・写真など。ことばを頭の中で映像に変換する。）目に見えるところに大切なことを貼る。視覚刺激でやる気を起こす工夫をする。（ポスターなど）

	〜するのが好き	〜するのが得意	適した学び方
身体・運動的知能	身体を動かす。作業をする。ボディーランゲージを用いる。	感情を伝える・読み取る。運動する。ものづくり（工芸・工作・機械）行動化 相手の行動の理解	体験学習（実験・作業）身体感覚（見る・触る・味わうなど）を活用した理解・記憶 活動しやすい場所 静止・運動の時間の構造化
音楽・リズム的知能	歌う。音楽を聴く。楽器を演奏する。リズムを刻む。	さまざまな音を聞き分ける。抑揚の理解・表現 リズミカルな話し方をする。メロディーを覚える。	リズムを用いた記憶（語呂合わせ）学習のペースやリズムの工夫
対人的知能	人と関係をつくる。人と交流する。グループ活動をする。	他者理解・相互理解 友達をつくる。グループの運営（リーダーシップ 仲間の維持 対立解消 交渉する。）	ペアでの学習 グループ学習 討論する。発表する。質問し合う。インタビューする。
博物学的知能	フィールドワーク（昆虫・植物採集）アウトドアの活動（自然体験・博物館の訪問）	情報の収集 情報の分類 カテゴリーをつくる。	辞書・事典の常備 情報を表にする。関連性をチャートにする。

注）この表では、それぞれの知能の基本的特徴を示しています。
　　8つの知能を組み合わせることにより、複雑な能力に変化することを念頭においてください。詳細は第2章を参照。

ここでは、AグループとDグループに対するアプローチを説明します。他のグループについては、第2節の展開事例を参考にしながらどのようなアプローチが適しているかを考えてみてください。

2 「身体・運動」知能が活性化しているグループへのアプローチ

> **（Aグループのまとめ）**
> 活性化している知能：「身体・運動」「対人」「視覚・空間」
> 伸ばしたい知能：「博物学」「内省」

　このグループの場合、「身体・運動」知能が活性化しています。すぐに活動を始めますが「博物学」や「内省」知能がうまく働いていないため、学習は「やりっぱなし」になりがちです。身体を動かしたり、人と接したりすることを楽しみますが、正確な知識を獲得するために必要な情報を集めたり、1つのことを深く考えるのは苦手だからです。では、このグループが不快にならずに情報を収集したり、深く考えるようになるアプローチ方法があるでしょうか？

　このタイプに合っているのは「体験学習」です。体験学習は図4－2のように「やってみる（身体・運動）」から始まり、活動中

図4－2　体験学習のサイクル

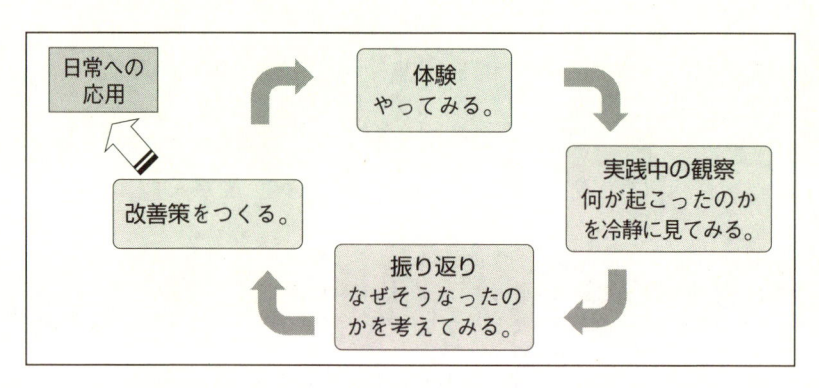

[図：体験学習のサイクル。「体験　やってみる。」→「実践中の観察　何が起こったのかを冷静に見てみる。」→「振り返り　なぜそうなったのかを考えてみる。」→「改善策をつくる。」→「日常への応用」]

に何が生じているのか「見てみる（視覚）」ことを通じて客観的に整理します。振り返りの「考えてみる」場面においては、「なぜそうなったのか」について「論理・数学」知能や「博物学」知能を用いながらことばにしていきます。ただし、Ａグループの生徒の場合、「博物学」「論理・数学」「言語・語学」の３つの知能が不足しているため、情報を整理する場合には彼らが考えやすい視覚的な手がかりやロールプレイなど実体験を通じて行います。そのプロセスにことばをつけていきます。このやり方は、第３章の算数の実践事例における「身体・運動」知能優勢のグループの例を参照してください。

　この授業では、濃さの違う２つのカルピスを飲み比べる体験をしました。体験後に、それぞれのコップにどのくらいの量のカルピスの原液が入っているかを見せます。これは、体験した内容を数値化することにより「客観的な視覚」を育てるためです。原液の量をはかった後で、数直線図に表しました。ここでは、「視覚・空間」知能を用いて論理・数学的内容を導入しています。その後、クラス全員がおいしいカルピスを飲むためには、カルピスの原液は何dl必要かを計算します。「論理・数学」知能の推測を用いています。

　実は「身体・運動」知能優勢のグループで最も難しいのが、体験を論理思考に変換することです。「対人」知能が優勢なので話し合うことも考えられますが、考え方がわかっていないので、雑談で終わってしまいがちです。したがって、上の事例のようにまず、「視覚」を用いて具体的なできごとを平面図形に変換し、その後、数式に直す方法を説明してください。数式を理解した生徒が、「対人」知能を活性化しながら、まだわかっていない生徒に教えると効果的です。また、「身体・運動」「対人」知能が優勢な場合、外発的な動機づけが有効に働くので、正解したらカルピスを飲めるという、「身体・運動」知能に働きかける特典を用意しておくとよいかもしれません。

3 「言語・語学」「音楽・リズム」「視覚・空間」「対人」知能が活性化しているグループへのアプローチ

> （Dグループのまとめ）
> 活性化している知能：「言語・語学」「音楽・リズム」「視覚・空間」「対人」
> 伸ばしたい知能：「論理・数学」「博物学」「身体・運動」

　Dグループは、授業中はおとなしく先生の話を聞き、黒板の記述を写している生徒たちです。ノートはきれいで、テストも授業内容そのままならある程度の得点が取れます。しかし、応用が苦手なので内容の理解が不足していることが考えられます。このような生徒が多いクラスでは、教師が授業を進めやすい一方で、生徒は常に受身で、活発なやりとりに発展しません。「言語・語学」や「視覚・空間」知能は活性化しているものの「見たものは見たとおり」「聞いたものは聞いたとおり」という反応にとどまっているのです。

　このタイプの生徒が「考え方」を学ぶのに適している方法が２つあります。１つは、彼らの得意な「そのまま学ぶ」という方法を生かしたパターンプラクティスです。「考え方」の公式を教え、例題で練習するという方法です。もう１つは、体験学習を通じて「視覚・空間」と「言語・語学」知能や「身体・運動」と「言語・語学」知能を組み合わせ、右脳と左脳を同時に活用させる方法です。

　まず、パターンプラクティスについて説明します。Dグループの生徒が新しい内容を学ぶのに適しているのは、「公式」の学習です（第２章の「論理・数学的知能を伸ばすには？」を参照）。このタイプの生徒は素直に記憶しますから、既習の知識と新しい知識を関連づける「公式」を学ぶと応用しやすくなるのです。そして、パターンプラクティスで記憶した知識を「視覚・空間」「音楽・リズム」「身体・運動」知能と関連づけながら「エピソード記憶」（22ページ

参照）につなげます。すると、文字や公式を見て具体的なイメージが思い浮かべやすくなります。

「エピソード記憶」へのつなぎ方として、英語の学習例を2つあげてみましょう。1つは、単語を音声にしながら動作をするという「身体・運動」「音楽・リズム」知能の適用です。これは、1つの単語をさまざまな活動を通して記憶する方法であるため、多角認知や同時処理ができる生徒に適しています。例えば、動詞の時制を学ぶとき"I ▢ to the door."という文を黒板に貼り、その下に will go（これから行く） am going（今行っている） went（行った） という3つのパターンを貼っておきます。生徒は、この3つを「これから行きます。will go」「今行っています。am going」「行きました。went」と繰り返して音声に出しながら記憶します。その後、実際にドアのところまで歩いてもどってくる動作を行います。

その際、行く前には will go のカードを手に持って"I will go to the door."、行っている最中は am going のカードに持ち替えて

図4－3　多覚認知や同時処理ができる生徒（左）とできない生徒（右）

"I am going to the door."、もどってきたら went のカードにして "I went to the door." とつぶやきます。文字が動作とつながって記憶されるようになるので、次にwillやbe goingを見たらその時制の動作がワーキングメモリー上に思い浮かべやすくなるのです。

　一度にいくつかのことをするのが苦手な生徒の場合は、単語レベルから段階を追って組み合わせのパターン、変化のパターンを丁寧に教えていきます。例えば単語学習の場合、動詞の原型と過去形を変化のパターン別にカードに書いて覚えます（見たものを見たとおりという「視覚・空間」知能を活用）。「ed」「yをiに変えてed」「不規則変化」「無変化」などです。それぞれのパターンが記憶できたら、「身体・運動」知能に結びつけます。「文字に動きを加える」という作業です。このタイプの生徒の多くは、規則を教えても「play」と「played」は単語同士の一対一対応で覚えています。単語の一部に過去形を示す語を「組み合わせる」という論理思考は働きにくいからです。視覚的に丸暗記をしようとするので記憶の容量はすぐにいっぱいになってしまいます。

図4－4　ワーキングメモリー上の知識を再構築する

そこで、ワーキングメモリーの働かせ方を実際の作業を通して教えるのです。原型と変化させる部分「ed」「ied」などのカード同士を組み合わせることができるようになったら、すべてのパターンの動詞の原型をテーブルに乗せ、「ed」「ied」「oo」などの変化形と組み合わせる作業をします。これは、ワーキングメモリー上にあるばらばらな知識を、再構築する練習です。言い換えると自分で「見る」「分類する」「組み合わせる」という論理性を使う体験をさせるのです。また、推理力をつけるには、知らない単語を並べ、どの変化形をつければよいかを自分で書かせる方法もあります。

　このほか、Dグループの生徒には、記録する内容をカテゴリー別にしたワークシートや白地図などを用いると「博物学」知能を活性化させるのに効果的です。ただし、十分に基礎知識を暗記させてから、ワークシートを導入してください。最初からワークシートを活用すると、そのままの形で暗記してしまい応用がきかなくなります。

　もう1つのやり方は「体験学習」です。ただし「身体・運動」知能が発達している生徒の「体験学習」とは少しやり方が異なり、最初に何をするかについて「ブリーフィング」が必要です。「ブリーフィング」は、活動する前に「何を見るか」「身体のどこを動かすか」など目標を明確にすることです。こうすると、自発的な「運動企画」になりやすいので、「右脳による動作中心の漠然とした体験」が「左脳の意識の元にあるはっきりした体験」に変わるのです。

　つまり、学ぶ内容を「焦点化」させるのです。また、作業内容には思考の段階にそったワークシートを活用することを薦めます。質問に答えていきながら、思考が深まっていくというパターンのものです。第4節の「ハンガーマップ」の発問の進め方や第6節の「三匹のこぶた」を狼の立場から書き直すという国語のワークシートを参考にしてみてください。

第4節 授業プランの立て方

　生徒の知能傾向とそのタイプに対する学習方法が理解できたら、実際に教科を選んで授業案を立てていきます。

１ 授業プランの立て方の概要

　授業プランは、生徒の知能傾向に基づき、「何を学ぶか」「どう学ぶか」を明確にすることから始まります。「何を学ぶか」は、学習指導要領に従う必要がありますが、「どう学ぶか」はＭＩを活用して決めていくことができます。また、「どう学ぶか」によって、教室環境や教材も変化します。ここでは、まず、全体の進め方を概説し、その方法に従ってプランを立てたものを第５節で紹介しますので、参考にしてください。

授業プランのステップ

- ステップ１　授業内容を選ぶ
  ↓
- ステップ２　単元の目標を立てる
  ↓
- ステップ３　単元の全体の進め方を決める
  ↓
- ステップ４　授業案の作成
  ↓
- ステップ５　「振り返りシート」の作成

ステップ1　授業内容を選びます

　学習指導要領を参考にして、教えたい学年の指導内容を1つ選択します。

　　1）算数・数学（数量・図形）
　　2）国語（現代文・古文）
　　3）社会（歴史・地理・公民）
　　4）理科（生物・化学・物理・地学）
　　5）英語
　　6）美術
　　7）技術・家庭
　　8）保健・体育
　　9）特別活動（学級会、文化祭発表など）
　　10）道徳

ステップ2　授業における単元の目標を立てます

　教科を選んだら単元を決めます。それぞれの単元には学習指導要領に「何を教えるか」が記載されていますので、参考にしながら目標を決めます。小学4年生理科の例が183ページに掲載してあります。

ステップ3　この授業の単元の全体の進め方を決めます

① 何回で実施するかを決める

　通常10回程度で1つの単元を学びますが、単元内容や授業時間割によって適切な時数を割り当ててください。まず、全体の授業時数に指導目標を割り当てます。次に、生徒の活性化している知能と伸ばしたい知能をどのように組み合わせるかを考えます。生徒の動機づけのためには、前半3分の1程度は、生徒が得意とする知能を中

心に組みながら、伸ばしたい知能を組み込みます。次第にバランスが半分ずつになるようにしていき、最後の2回程度は伸ばしたい知能を中心に授業を組んでいきます。活性化させたいＭＩの全体像を把握するためには、それぞれの知能の具体的な項目をＭＩホイールに記入していくことを薦めます。

②　目標の明確化

　授業案を組み立てるにあたり、それぞれの時数における単元目標と活性化する知能を具体的に指定します。知能の内容を具体化することにより、教材や発問が明確になってくるからです。184ページの表4－4にあるように、「博物学」知能であれば「情報を整理する」あるいは、「サンプルの収集」というように具体的にそれぞれの知能の内容を明記してください。知能の内容は第2章に記述してあります。

（単元目標、評価基準の例）

教科：理科（小学校4年生）
単元名：生き物のくらし(1)

学習指導要領　4学年の領域

> A．生物とその環境(1)
> 「身近な動物や植物を探したり育てたりして、季節ごとの動物の活動や植物の成長を調べ、それらの活動や成長と季節とのかかわりについての考えをもつようにする」

単元目標

1．春の生き物についての観察をし、その活動や成長の特徴を知り、それが季節とかかわりを持っていることに気づくことができる。
2．身近な植物や動物について1つあげ、それについて特徴や仕組みを知る。
3．意欲を持って参加し、グループの仲間と役割分担をして協力的な活動ができる。

単元の評価基準

1．自然事象への関心・意欲・態度
　　身近な植物の成長や動物の活動に興味を持ち、進んで継続的に調べようとする。
2．科学的な思考
　　植物の成長や動物の活動は、季節とかかわりがあるという見方や考え方ができる。
3．観察・実験の技能・表現
　　植物や動物を育てたり探したりして、季節ごとの植物の成長や動物の活動を調べることができる。
4．自然事象についての知識・理解
　　春になって暖かくなると、生き物が活動的になることがわかる。

表4-4　11時間分の授業プラン概要と活用する知能例

展開	時数	学習内容と知能活動の目標 （太字が目標となる知能内容）	主に活用する知能
導入	1	**(春の自然について学ぶ)** 春になって、身の回りの植物や昆虫などがどのようになっているかに興味を持ち、気づいたことを話し合うことができるようにする。 **(本時の到達目標)** **観察の方法**がわかる。 **情報の整理**の仕方がわかる。 グループで**協力して作業**することができる。 集めた**情報を組み合わせて**クイズをつくる。	言語・語学 視覚・空間 視覚・空間 博物学 対人 論理・数学
春の動物の観察を通し、今後の観察の仕方を考える	2	**(観察の準備)** 生き物のくらしは、春からどのように変化していくのか見通しを持ち、観察・記録していく方法やまとめ方について、計画性を持った準備ができる。 **(本時の到達目標)** 観察の準備に必要なことを学ぶ。 **正確に観察する**ために必要なことを学ぶ。 ①観察場所の設定：**条件の整理** 　気温、天候、土など ②観察する内容の設定：**比較、 　１つのものの変化** ③器材の準備：**記録方法の工夫** 　記録用紙、映像記録、サンプル	言語・語学 ①視覚・空間 　博物学 ②論理・数学 　博物学 ③視覚・空間 　言語・語学 　（書字） 　博物学（表）
	3	**(観察の実践　①)** 校内での観察実践 ２時間目の準備に基づき、校庭の桜の木の周囲２箇所での観察を行い、観察記録を行ってみる。 **(本時の到達目標)** ①正確に観察する：望遠鏡、ルーペ ②正確に記録する：絵、カメラ、 　数値化、文字化	①視覚・空間 ②言語・語学 　視覚・空間 　論理・数学
		以下省略	

> ステップ4　　単元のうち1回を決めて、その**授業案を作成します**

　単元全体のプランができたら、1回ごとの授業案を立てます。
　全体プランに従い、1時間分の授業案を組み立てていきます。授業案の例は、第5節にあります。

> ステップ5　　授業評価のための「**振り返りシート**」**を作成します**

　この授業で、教師が伝えたいことを生徒がきちんと学べたのかを評価するための「振り返りシート」を作成してください。
　振り返りシートは、学習をステップアップしていくためのものなので、次の内容を組み入れます。

---

① このトピックについて、これまで知っていたこと
② このトピックについて、今日新しく学んだこと
③ トピックについて、もっと知りたいこと

　低学年の場合には、具体的な選択肢を用意しておきます。

2　1時間の授業案の組み立て方

1——MIホイールの作成

　MIの授業案の要は、8つの知能を組み込んだMIホイールです（186・187ページ参照）。生徒がどの知能を使うと学ばせたい内容に興味・感心を持つか、内容を理解しやすい知能はどれか、考えを深める知能はどれかを考えながらMIホイールを埋めていってください。注意するのは、生徒がその知能を活性化しながら学ぶのであり、教師がその知能を用いて教えるのではないということです。MIホイールは、単元全体のものと1時間分のものと両方になります。ここでは、1時間分のMIホイールのつくり方を説明します。

図4-5　MIホイールのワークシート

音楽・リズム的知能

身体・運動的知能

言語・語学的知能

内省的知能

- 対人的知能

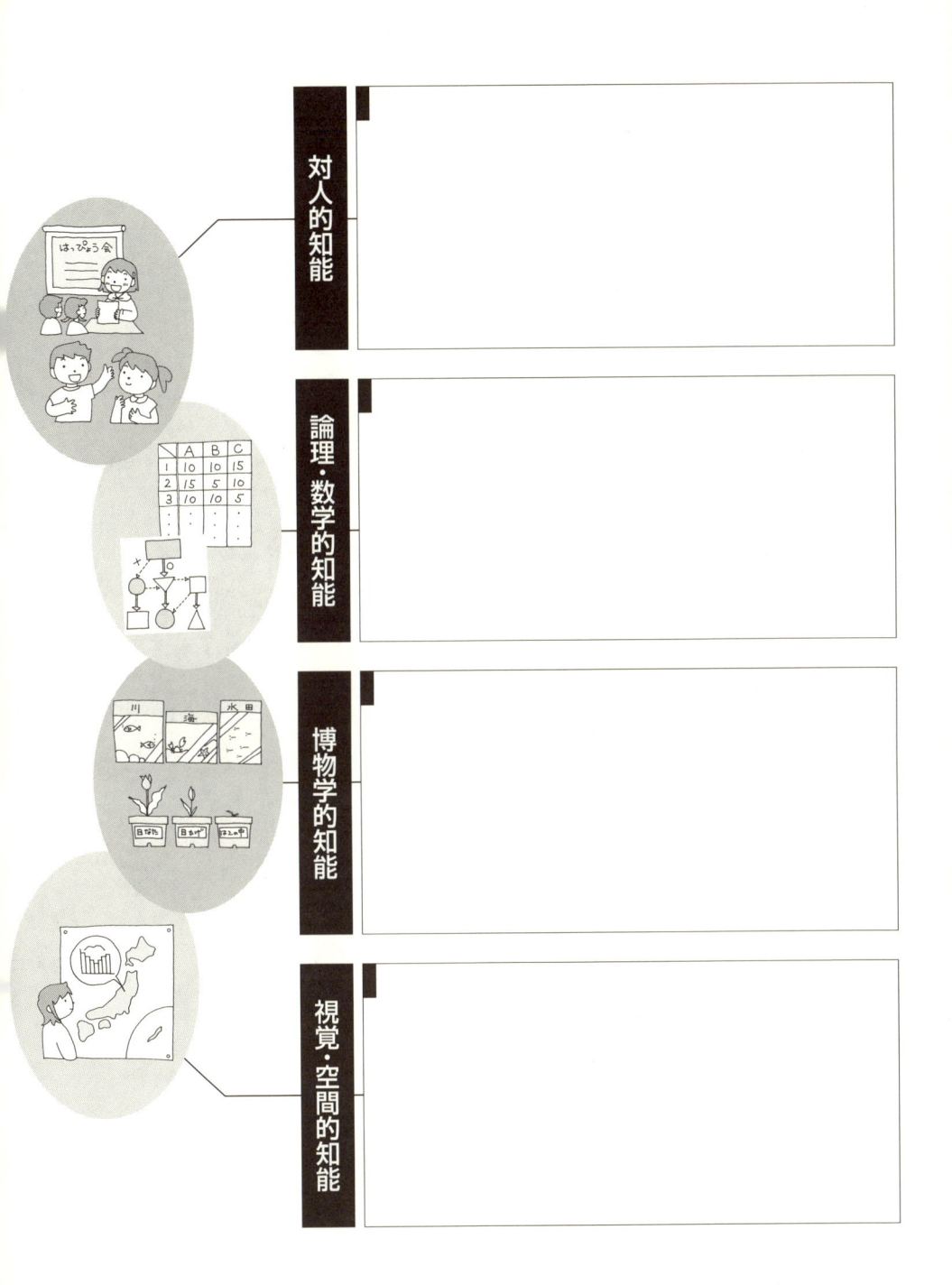

- 論理・数学的知能

- 博物学的知能

- 視覚・空間的知能

2——ユニットの組み立て方

① 授業案に組み込む内容を決める

単元全体の授業計画に基づき、その時限の授業案に、以下の内容を組み入れます。

- ・本時の目標
- ・本時に扱う内容
- ・授業中に用いるＭＩ
- ・生徒の知能を活性化するための発問例

② 授業をユニットに分ける

次に、授業を大きく3つのユニットに分けます。これは、本時の目標を分けて学ぶこと、および生徒の集中力を持続させるために必要です。生徒の集中力は最初の10分に1つ目の山場があり、ここでは脳は活性化しやすいのですが、15分ころから降下し始めます。そして、最後の10分程度でまた盛り返します。（図4－6）

図4－6　授業開始からの時間と集中の程度

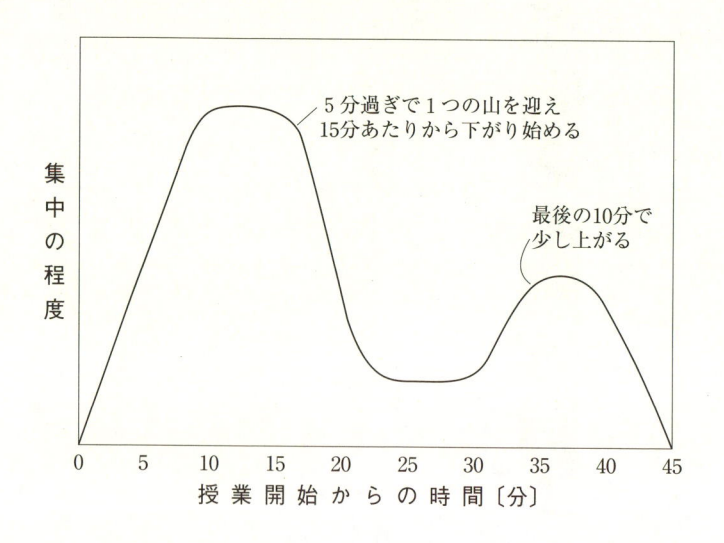

したがって、記憶させたい内容は、最初か最後に組み込むと効果的です。特に、「言語・語学」「論理・数学」知能が優勢な生徒の場合は、最初に大切なことを記憶させ、ダウンタイム（集中力が降下する時間）に「視覚・空間」「身体・運動」知能を組み込んで実体験した上で、最後に「論理思考」で公式化するとよいでしょう。

一方、「身体・運動」知能が優勢な生徒の場合、最初に苦手な「言語」を持ってくるとダウンタイムの開始が早まってしまいます。したがって、活動中に「言語化」「論理化」を組み込んで、集中力の降下を防ぐ工夫が必要になります。最初に体験だけして、後から言語でまとめようとしても集中力が落ちてしまうので苦手な言語や論理思考は働きにくくなってしまうためです。

③ ユニット内の授業プランを立てる

大きなユニットができたら、本時の目標に従ってそれぞれのユニットで活性化させる知能を決めます。また、その知能を導く発問を考えてみましょう。（ユニットの表は190ページ）

●ユニット表

1）授業を大きく3つのユニットに分けてみましょう。

2）それぞれの知能を展開する発問を右の欄に入れましょう。

大きな授業の流れ	中心になる知能と作業目標、内容、手順	その知能を導く発問
ユニット1		
ユニット2		
ユニット3		

3 ── 8つの知能を導く発問の大切さ

　MIを活用した授業は、生徒が主役です。したがって、生徒の8つの知能が活性化する発問をすることが授業を展開する上で最も重要になります。

　小学校5年生の地理のクラスの「日本と世界の食料事情を知る」という授業例を元に考えてみましょう。「内省」「博物学」知能が不足している生徒たちに対して、下のようなハンガーマップを題材にして、その知能を伸ばすプランを立てました。192ページの表4－5にある発問が適切かどうか、考えてみましょう。

図4－7　ハンガーマップ

ワールドハンガーマップ：WFP 国連世界食糧計画

{ ハンガーマップとは、世界の飢餓状況を示した世界地図です。栄養不足の人口の割合を5段階に色分けしてあります。 }

第4節　授業プランの立て方── 191

表4-5　授業プラン　その1

大きな授業の流れ	中心になる知能と作業目標、内容、手順	その知能を導く発問
導入 日本と世界の食料事情を知る	①（「言語・語学」「視覚・空間」「論理・数学」知能） 色分けした世界地図を見て何を表している地図かを考える。 ②（「言語・語学」知能） ハンガーマップということばを学び、世界の飢餓の状況を表す地図であることを理解する。 ③（「博物学」知能） 日本と世界の状況の違いを聞き、答える。	①「この地図の色分けは、あることを示しています。何を表しているでしょう」 ③「色分けされた地域にどんな特徴がありますか？」

　①の発問の目的は、見たものを論理的に考えてことばにすることです。発案者は、生徒が自ら推測するということを期待していますが、考え方の道筋を知らない生徒は混乱します。また、③の発問には、情報を整理してことばで説明するという「博物学」「論理・数学」「言語・語学」知能が含まれています。これができるためには、①において「何について」「どのように」考えるか、視点が明確になっている必要があります。何をどう考えてよいのかわからないとき、生徒はぽおっとしてしまうか、自発的に質問できる生徒だけとやりとりする授業になってしまうでしょう。

　この場合、①では、思考の段階にそって具体的に考えやすくする工夫が必要です。③では、特徴が明確になるように比較する具体的な資料が必要になります。変更した後の授業展開例を一部紹介します。

《授業の展開例》

先生「地図の色を見てください」(何を見るのかの焦点化)

生徒：地図を見る。

先生「何種類ありますか？」

（「論理・数学」知能に働きかける）

生徒：数える。「5種類！」

先生「一番面積が広いのは何色？」(面積を視覚的に統合)

生徒「赤！」

先生「そう。赤が目立つね。もう一度よく見てみよう。面積が大きそうな順に色を言ってください」(「視覚・空間」「論理・数学」知能：面積を統合したものを比較する)

生徒「黄―緑―赤―オレンジ―黄緑！」

先生「その順ですね。これはハンガーマップといって、飢餓の状況を表した地図です。飢餓というのは、食べ物が足りなくて亡くなる人が多いことです」(「言語・語学」知能で定義する)

生徒「知ってるよ！　おなかすいてるのにおなかがポンポンに張ってる子たちがいるんだよね」

★板書をしながら数字で整理する。

> 板書「赤　：5人に2人が飢餓の場所
> 　　　黄色：5人に1人が飢餓の場所
> 　　　緑　：50人に1人が飢餓の場所」

生徒「せんせー。何でアフリカに赤が多いのー？」(論理思考の発達している生徒が疑問をぶつけはじめる)

先生「そう。赤が多いですね。それも、ここ（地図を指しながら）アフリカに多いです（「言語・語学」知能で定義する）。なぜかを考えるために、他に赤があるところを探してください」

生徒「あそこ！　でも名前わかんない」

先生「ここね。ここが中国でしょ。その北の国です。だれか名前を知ってますか？（「言語・語学」知能と「視覚・空間」知能）」

生徒「ヒント！」（おしゃべり好きの生徒の「言語・語学」知能が活性化）

先生「この国から来たお相撲さんでとっても強い人がいます」（なぞなぞという推理思考を活用）

生徒「朝青龍！」「あ！　モンゴル出身っていってた」

先生「そう。モンゴルです。さて、じゃあ、共通していることを考えていきますよ（「博物学」知能）。
　まず、この気候図と見比べてみましょう（「視覚・空間」知能を用いながら、比較するという「博物学」知能を活性化させる）。
　アフリカがあるところは、どんな気候？」

生徒「暑いんでしょ！　サファリとかあってさー」

生徒「サバンナだろ！　サファリは動物園だよ！」

生徒「でも、先生。モンゴルは熱帯じゃないです」

先生「そう。いいところに気がつきましたね。じゃあ、気候図と比べながら整理していきましょう」

★生徒に気候図とハンガーマップを比較した資料1枚とワークシートを渡す。生徒は、ワークシートに記入しはじめる。

先生「まず、どんな食料があるのかについて想像してみましょう。話し合ってもいいですよ。その後で、シートを配ります」

★生徒が話し合いながらある程度ワークシートを埋められたら、表を渡す。表には、絵と数字で農作物生産量、漁獲量、畜産物などがまとめられている。

先生「この資料には、この地図に出ている地域の農業、漁業、畜産業の生産量が示してあります。これを使って、残りのシートを埋めてみましょう」（探す、当てはめるという論理思考と整理するという「博物学」知能の活用）

★生徒は、周りの人と相談したり、表を見ながらワークシートを完成させた。

この例のように、生徒のＭＩを活性化させるためには、それぞれの知能に含まれる内容を把握しておくことが必要です。その上で、生徒からの反応に対して、どの知能を組み合わせるかを考えながら発問を決めていってください。

特に、考える力を育てるためには、「論理・数学」知能に含まれるさまざまな考え方を把握しておく必要があります。また、生徒が作業を進めやすいように、ワークシートを用意しておくことも薦めます。（196ページの表4－6参照）

表4-6　世界の食料事情を考えるワークシート(「博物学」知能の活用)

	アフリカ	モンゴル
気候	熱帯雨林・サバンナ	砂漠・乾燥
どんな農作物があるでしょう？		
どんな魚介類がとれるでしょう？		
どんな家畜や食用動物がいるでしょう？		
人口はどのくらい？		

質問：上の表を見て、なぜ、アフリカやモンゴルに飢餓が多いのか、あなたの考えを2つ書いてください。

1. ＿＿＿＿＿＿＿＿＿＿＿＿＿＿＿＿＿
＿＿＿＿＿＿＿＿＿＿＿＿＿＿＿＿＿
＿＿＿＿＿＿＿＿＿＿＿＿＿＿＿＿＿

2. ＿＿＿＿＿＿＿＿＿＿＿＿＿＿＿＿＿
＿＿＿＿＿＿＿＿＿＿＿＿＿＿＿＿＿
＿＿＿＿＿＿＿＿＿＿＿＿＿＿＿＿＿

第5節 MIを活かした授業案の例

　これまで紹介してきたステップに従い、以下に授業案の例を紹介します。MIの授業プランでは、MIホイールに8つの知能をバランスよく取り入れることが大切です。教えたい内容は、どの知能を用いると最も効果的に学べるのかを考えながら、MIホイールを作成してください。以下に、小学校の社会科、理科、算数の授業案のつくり方の例をあげてみます。

　授業案は、下のように左右で1つになるように作成してあります。左のページでは、授業で主軸として使うMIを決め、どのようにアプローチしていくかをまとめます。右のページでは授業が生徒にどのように受け入れられるか、また、授業の流れに乗れない生徒に対して、違うMIを使ってどのように働きかけるかをまとめてあります。これらを参考にして、実際に授業を組み立ててみてください。

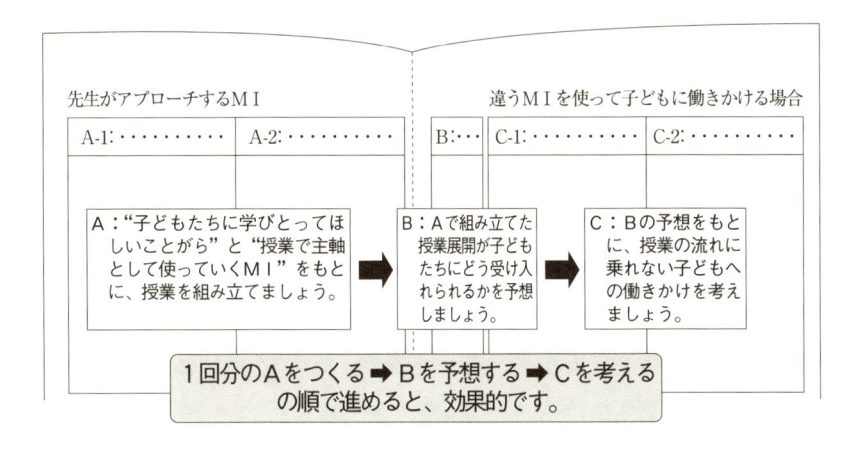

先生がアプローチするMI		違うMIを使って子どもに働きかける場合		
A-1:………	A-2:………	B:…	C-1:………	C-2:………
A:"子どもたちに学びとってほしいことがら"と"授業で主軸として使っていくMI"をもとに、授業を組み立てましょう。		B:Aで組み立てた授業展開が子どもたちにどう受け入れられるかを予想しましょう。	C:Bの予想をもとに、授業の流れに乗れない子どもへの働きかけを考えましょう。	

1回分のAをつくる ➡ Bを予想する ➡ Cを考える
の順で進めると、効果的です。

1 社会科における展開例

　本節では、社会科・理科・算数の各教科の特徴を理解した上で、それぞれ２つずつの単元を取り上げ、８つの知能を活性化させるためにはどのようなプランを立てればよいかを紹介していきます。

1──社会科の特徴

> 　社会科を学ぶ目的は、子どもたちが社会の一員となるための知識を学習することです。したがって、教科は「地理」、「歴史」、「公民」の三分野から構成されます。自分たちが生活している社会の土地の仕組みや、現在・過去のできごとや政治・経済の仕組みを理解することにより、将来自分たちがどのような社会を築いていくかを考えるためです。
>
> 　そのため、社会では地名や人名、年代などの知識を覚えると同時に、その知識の意味や因果関係を理解していきます。また、文章や地図、グラフ、図表、写真、絵などの形で示された資料からより多くのさまざまな情報を読み取り、読み取った情報を自由に活用し、処理する力を養っていくのです。そして、自分が得た知識をもとに自分自身の考えや意見を持ったり、知識どうしに関連性を持たせていきます。

2──地理の授業展開「地図・地形図」(授業案①)

　地理的分野の中の１つの単元である「地図・地形図」について、「地図の見方と使い方」を学ぶのがこの授業の目的です。

《今回扱う内容》

　地図の役割を知る。

　地図のきまりが必要な理由を考えながら、地図のきまりを知る。

　地図の特徴を見つけることを通して地図の使い方を考える。

地図から実際の距離や土地の傾きや形を読み取る。

《この授業案の位置づけ》

　この授業案は地理について学習する第1回目の授業の部分です。この後、地形図の高い部分に着目し、山地や山脈のでき方や種類などを学習していきます。次に、低い部分に着目し、川のでき方と川の種類や働き、平地や盆地について学習します。

　★授業案①は200・201ページ、ＭＩホイールは202・203ページを参照してください。

3── 歴史の授業展開「鎖国」（授業案②）

　歴史的分野の中の「江戸時代」について、政治、経済、文化の面から「鎖国」を学ぶのがこの授業の目的です。

《今回扱う内容》

　　江戸時代の日本の外国とのかかわり
　　江戸時代の社会の発達が文化の移り変わりに与えた影響
　　江戸時代の時期ごとの文化の比較
　　鎖国へ向かった背景
　　鎖国によって発達した独特の文化の特徴

《この授業案の位置づけ》

　この授業案は日本の歴史の授業全体の$\frac{2}{3}$あたりに行われる内容です。この授業の前には、江戸時代がどのように始まったのかということと、江戸幕府の仕組みについて学んでいます。また、鎖国を行うにいたった経緯についても学習しています。この授業案の内容の後には、鎖国が文化や宗教などに与えた影響を学びます。

　★授業案②は204・205ページ、ＭＩホイールは206・207ページを参照してください。

授業案①

学年	分野・単元
4年	地図・地形図

A－1：授業で扱う内容	A－2：A－1を学ばせるための工夫（そのときに働きかけるMI）
①地図の役割を考える	・日常生活で、もし地図がなかったらどういうことが起きるか考える。(内)
②地図のきまりを見つけ、きまりについて把握する	・いろいろな地図を比較して、共通しているところを見つける。(博・視)
・地図記号の成り立ちと地図記号が表すものの把握	・コンビニの写真を見て、その地図記号をつくり、なぜそのような記号にしたのか理由を説明する。(論) ↓ ・つくられた地図記号を、文字を図案化したものと形を図案化したものと、それ以外に分類する。(博)
・縮尺について把握する	・同じエリアの縮尺の違う2枚の地図を使って、実際の距離を計算する。(論) ・同じエリアの縮尺の違う2枚の地図を見比べて、共通点と相違点を見つけてまとめる。(視・博)
・方位について理解する	・方位磁石を使い、地図にならって現地を歩いてみる。(身) ↓ ・歩いた結果気がついたことを整理してまとめる。(博)
・等高線が表す内容と、等高線の読み方	・山の断面図を見て、実際の山の形を想像してみる。(視) ・地図をいろいろな方向から見た場合にどんな建物や景色が見えるのか、MI別のグループに分かれてそれぞれの方法で発表する。(言・論・博・視・身・音・対・内)

この回の授業で主軸として使っていくMI

博物学的知能

B：予想	C－1：A－2を受け入れられない子どもに対する違うMIを使った工夫	C－2：C－1を行うときの具体的な行動・ことば
	・何のために地図があるのかを数人で話し合う。（対）	「駅のそばや交番にも地図があるし、本屋でもいろいろな種類の地図を売っているね。地図って何のためにあるんだろう？みんなで考えを出し合ってみよう」
	・地図を見る視点として「縮尺」「建物、自然、交通手段の有無と種類」「土地の起伏」などを与えて、地図を見比べ、表にまとめる。（博）	「ここに3種類の地図があります。この地図で同じ場所を見比べてみましょう。気づいたことを表にまとめてくださいね」
	・「学校」「鳥居」の地図記号を見て、成り立ちの理由を考えて説明する。（言）	「これらの地図記号を見て、なぜこの形になったのか考えて、考えたことを説明してください」
★	・同じエリアの縮尺の違う地図のある地点からある地点までを自分の足で歩き、実際の距離を実感する。（身）	「縮尺の違う、2種類の地図を見ながら、ある地点からある地点まで実際に歩いてみましょう。どんなことを感じるでしょうか？」
★	・太陽の位置と、日の出と日没の時刻などから正確な四方位を計算で出す。（論）	「今日の日の出と日没に関する資料と、太陽の動き方についての資料を置いておきます。これらの資料を使いながら、正確な四方位を計算で出してください」
	・地図が南や東ではなく、北が上になるようにつくられた理由を自分なりに考える。（内）	「どうして、地図は北が上になるようにつくられるようになったんでしょうか？自分で考えてみましょう」

〔☆…一部の子どもは受け入れられないかも　★…受け入れられない子どもが必ずいるはず〕

図4-8　小4社会「地図・地形図」における8つの知能

■ 地図についてリズムで学ぶ
1. 地図記号
   1) 知っている歌（メロディー）を使って、地図記号の覚え歌をつくる。
   2)「税務署は　お金の計算　そろばんで」のように「五・七・五」のリズムで覚える。
2. 方位
   ・リズムに合わせて手をたたきながら八方位を言う。

音楽・リズム的知能

■ 体験を通して地図を学ぶ
1. 地図
   ・地図を見ながら学校の近くを実際に歩いてみる。
2. 方位・縮尺
   1) 方位磁石を使って、教室の東西南北を探す。
   2) 歩幅と磁石を使って、校庭や池などの地図を作成してみる。

身体・運動的知能

■ 意味を考えながら地図・地図記号を学ぶ
1. 地図
   1) 大切なことばに線を引きながら、テキストを読む。
   2)「地図の使い方」の説明書を書いてみる。
   3) 地図をもとに目的地を決め、どの道を通っていくか説明する。
2. 地図記号
   ・文字をもとにしてできた地図記号を見て、その意味を考える。

言語・語学的知能

■ 自分の発想から地図・地図記号を学ぶ
1. 地図の役割
   1) 地図を読みながら学校付近を歩いたとき気づいたことを記述していく（地図にかかれていないこと、かかれているけれども意味がわからなかったことなど）。
   2) もし地図がなかったら、自分にとって何が便利で何が不便か考える。

内省的知能

対人的知能

やりとりから地図を学ぶ

1. 地図
   1) 何のために地図があるのか、数人で意見を出し合う。
   2) 地図の上を北にする利点について数人で話し合う。
   3) 数人で、写真を見ながら地図をつくる。 → 気づいたことを話し合い、さらに深める。
2. 地図記号
   ・なぜ地図記号を使うのか意見を出し合う。

論理・数学的知能

理屈を考えながら、地図を学ぶ

1. 計算
   ・縮尺や等高線から実際の距離や高さを計算する。
2. 地図
   ・地図の上を北にする理由を考え、仮説を立てる。 → 調べて、自分の仮説の正しさを検証する。
3. 地図記号
   ・自分で論理立てて考えながら、新しい地図記号をつくる。

博物学的知能

いろいろな地図を学ぶ

1. 地図
   ・いろいろな地図（駅前の地図、旅行の地図、国土地理院の地図など）を比較して、
   ①共通点を見つける。
   ②それぞれの地図の役割をまとめる。
2. 等高線
   ・学んだことをジオラマとしてまとめる。

視覚・空間的知能

写真や地図を使って、地図記号と等高線を学ぶ

1. 地図
   1) 同じ場所の写真と地図を見比べ、特徴を探す。
   2) 写真を見て、その写真を地図にかき換える。
2. 地図記号
   1) 地図の中から、物の形をもとにしてつくられた地図記号を見つける。
   2) 地図記号とその地図記号が表す絵や写真を結びつける。

授業案②

学年	分野・単元
6年	鎖国

A－1：授業で扱う内容	A－2：A－1を学ばせるための工夫 （そのときに働きかけるMI）
①鎖国とはどのようなことなのかをつかむ	鎖国のイメージをつかむための図 ・鎖で囲まれた日本の絵を見て、鎖国の状態がどのような状態なのかを考える。（視）
②どのように鎖国が進んでいったのかをつかむ	・世界地図から鎖国以前に日本が貿易をしていた国を探し、その航路を地図に書き込む。（視） ↓ ・国交を断った国の航路に×をつけていく。（視） ・最後まで国交を続けた国を確認する。
③鎖国の目的を明らかにする	・国交を断った国と、国交を続けた国に関連する資料を配る。「貿易」「布教」といった視点を与え、子どもたちは国交を続けた理由がわかるキーワードを見つける。（言・論） ↓ ・見つけたキーワードの関係性が明確になるように文章にする。（言・論）
④国を閉ざした状況を理解する	・『ジョン万次郎漂流記』を読み、当時の様子を知る。（言・内）
⑤鎖国について学んだことを自分なりに整理する	・鎖国について学んだことを俳句（五・七・五）で表す。（音）

この回の授業で主軸として使っていくMI

| | 視覚・空間的知能 | |

B：予想	C－1：A－2を受け入れられない子どもに対する違うMIを使った工夫	C－2：C－1を行うときの具体的な行動・ことば
☆	・「鎖」「国」という字の意味から、どのような状態が鎖国なのか考える。(言)	「『鎖』『国』っていうのはどういう意味かな？」「鎖は人を閉じ込めたりするときにも使うんだよ」「『鎖』や『国』という漢字を使った他の熟語からも考えてみましょう」
★	・日本と国交を断った国と続けた国でグループ分けし、いろいろな資料を使ってそれぞれのグループの特徴を探す。(博)	「最後まで日本と国交を結びつづけた国と、国交を断った国について、それぞれ共通することを資料を使って調べてみましょう」
★	・見つけたキーワードの関係性が明確になるようにチャートにする。(視・論)	「今見つけたことばを、原因と結果の関係がわかったり、時間の順番になったりするように矢印や記号を使って整理してみましょう」
☆	・海外に行っていて日本にもどってきたが入国できない人と、幕府の役人のロールプレイをする。(対・身)	「海外に行って日本にもどってきたけれど入国できない人と、入国を止める幕府の役人の役になって前でお芝居してみましょう」
★	・自分でわかったことを自分なりのやり方（絵日記風、テレビニュース風、新聞風など）で表す。(論・言・対・視など)	「今日学んだことを、絵日記でもテレビのレポーター風にでも、新聞みたいにでも、自分の好きなやり方でまとめてみましょう」

〔☆…一部の子どもは受け入れられないかも　★…受け入れられない子どもが必ずいるはず〕

図4-9 小6社会「鎖国」における8つの知能

■江戸時代をリズムで学ぶ
1. 俳句
   1) 松尾芭蕉の俳句を声に出して読む。
   2) 俳句に表現された風景の音を聞いてみる。
   3) 俳句で鎖国を表現してみる。
2. 歌舞伎
   ・歌舞伎のセリフを声に出して言ってみる。

音楽・リズム的知能

■鎖国による人々への影響を体験してみる
1. 踏み絵
   ・踏み絵の疑似体験(踏む手前まででストップ)。
2. 外交
   ・海辺に漂着した外国人と役人のロールプレイをする。
3. 島原の乱
   ・天草四郎になりきってみんなを一致団結させてみる。

身体・運動的知能

■文字の意味から江戸時代を学ぶ
1. 朱印船
   ・「朱印」という字から、朱印船貿易がどんなものか考える。
2. 鎖国
   ・「鎖」「国」という字の意味を調べ、「鎖国」の意味を考える。
3. 日本町
   ・「日本町」ということばから、町の様子を予想する。
4. 覚える単語をワードウォールにする。

言語・語学的知能

■自分の発想から鎖国を学ぶ
1. 踏み絵
   ・もし自分だったら踏み絵を踏むかどうか、なぜそうするのかを考える。
2. キリシタン
   ・ジョン万次郎の伝記を読んで、鎖国当時の日本に入国できない状況を理解する。

内省的知能

対人的知能

友だちとの話し合いから江戸時代を学ぶ

1. 寺子屋
    ・寺子屋と自分たちの学校との違いを数人で話し合う。
2. 島原の乱
    ・ロールプレイをして、天草四郎役にインタビューしてみる。
3. 鎖国
    ・今も鎖国が続いていたら、人々の生活（交通、通信など）はどうなっているかを数人で話し合ってみる。

論理・数学的知能

理論づけて、鎖国を学ぶ

1. 鎖国
    1) 鎖国に関係することがらを思いつく限り多く書き出す。 → 書き出したことがらを、関係性に着目して、表にまとめる。
    2) 島国なので、どこからでも入れる日本が実際にどうやって鎖国を行ったのかを考える。

博物学的知能

資料を集めて、分類しながら学ぶ

1. 文化
    江戸時代の文化に関係する作品や習慣などをできる限り集める。 → どの時期の文化なのかを整理する。
2. 鎖国
    ・国交を断った国と国交を結んでいる国を分け、特徴を探す。

視覚・空間的知能

写真や地図を使って江戸時代を学ぶ

1. 文化
    ・元禄文化の作品と化政文化の作品を写真で見比べて特徴をつかむ。
2. 鎖国
    1) 日本地図を使って、日本をぐるっと鎖で囲む絵をかく。
    2) 世界地図を国交を断った国と断っていない国とに塗り分ける。
    3) どういう航路で日本に来たのかを地図を見ながら考える。

2 理科における展開例

1──理科の特徴

　理科を学ぶ目的は、科学的思考を身につけて自然の事象を学び生活の向上や生命の維持に役立てたり、自然の事象を通して自己の思想や感情を育てていくことです。そのために、自然に親しみ自然を愛する姿勢を育てるとともに、見通しを立てて観察や実験を行い、問題を解決していく力を「生物」「化学」「物理」「地学」の四分野を通して養っていきます。自分たちの身の回りの生物、物質、現象を見るときの視点を身につけ、未知のものに出会ったときにも科学的にアプローチしていけるようになるのです。

　理科では、原理や法則、名称などの知識を身につけ、それらを関連づけて理解することが大切になります。また、実験や観察の結果得られた情報を読み取ったり、データをグラフや表に表したりする力も養います。さらに、読み取ったことがらをもとに考える力も養っていきます。

2──物理の授業展開「電流」（授業案③）

　物理分野の中の「電流」について、豆電球を使って「電流の作用」を学ぶのがこの授業の目的です。

《今回扱う内容》
　電流の強さと豆電球の明るさの関係
　電流の流れ方のきまり
　電流計の使い方とその留意点
　電流の強さと回路の関係

《この授業案の位置づけ》

　この授業案は、電流の第１回目の授業の内容で、電圧や抵抗によって、電流の強さが変化することを学びます。この後、乾電池や豆電球のつなぎ方（直列つなぎ、並列つなぎ）によって、豆電球の明るさを比較できるようにします。乾電池は電圧、豆電球は抵抗、豆電球の明るさは電流の強さにそれぞれ対応しています。

　★授業案③は210・211ページ、ＭＩホイールは212・213ページを参照してください。

3── 生物の授業展開「消化器官」（授業案④）

　生物分野の中の「人体」について、「消化器官」のつくりと働きについて学ぶのがこの授業の目的です。

《今回扱う内容》

　　消化とは何か

　　消化器官ひとつひとつのつくりと働き

　　消化器官全体のつくりと働き

　　消化と吸収

《この授業案の位置づけ》

　ここで扱っているのは、生物分野（人体）の第１回目の授業内容です。私たちが体内に栄養分を吸収することについて、消化器官の「つくり」と「働き」という視点から学習します。この回の後、呼吸器官・循環器官を扱い、吸収した栄養分から生活に必要なエネルギーをつくり出す働きについて学習します。

　★授業案④は214・215ページ、ＭＩホイールは216・217ページを参照してください。

授業案③

学年	分野・単元
5年	電流

A－1：授業で扱う内容	A－2：A－1を学ばせるための工夫 （そのときに働きかけるMI）
①電流の強さが電圧によって変わることをつかむ	・電流（電気の流れ）を水流（水の流れ）に置き換えて、水の流れが強いときはどんなときがあるかをイメージする。(内) 例：水鉄砲…押し棒を速く押すとき 　　川の流れ…斜面が急なとき ・右の図のようにしたとき、A、B、Cから出る水の強さがなぜ変わるのかについて上の内容も加味して考える。(視・論) 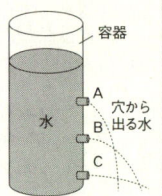
②乾電池のつなぎ方と電圧の関係をつかむ 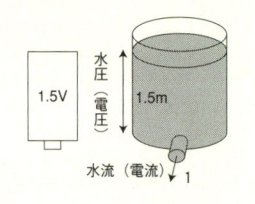	・左の図のように、乾電池と容器を対応させたとき、乾電池を直列または並列につないだ場合にはどのように対応するかを右・下の図を使って示す。(視・論) 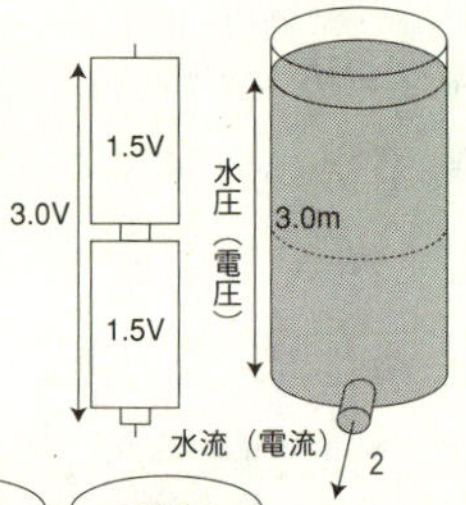 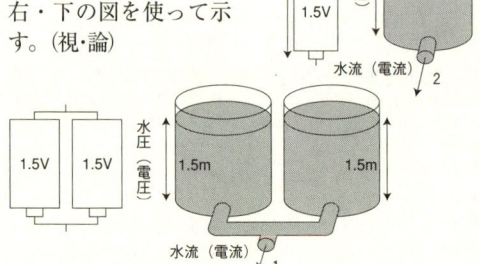
③電流の強さが抵抗によって変わることをつかむ	・水の流れを妨げる抵抗をコックに置き換える。コックの閉め方（抵抗の大きさ）によって、落ちる水滴の音の間隔が変わる。30秒それに合わせて手拍子を打つ。(音) 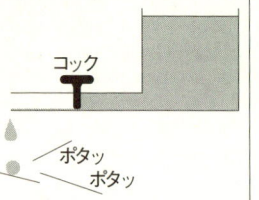
④電流の強さ、電圧の大きさ、抵抗の大きさの関係を整理する	・電流、電圧、抵抗の関係を文章や図にまとめる(言・視)

この回の授業で主軸として使っていくMI

> 視覚・空間的知能

B：予想	C－1：A－2を受け入れられない子どもに対する違うMIを使った工夫	C－2：C－1を行うときの具体的な行動・ことば
	・「電」「流」という漢字に分けて「電流」の意味を考える。（言）	「『電』『流』っていうのはどういう意味かな？」「同じようなことばはないかな？」「電圧についても考えてみよう」
	・子どもたちが電気になったつもりで、電気の流れる様子をロールプレイする。（身）	「電気の粒は自分の力では動けません。動くためには外からの力が必要です。その力を電圧といいます。電気の粒と電圧の役になって実際に動いてみましょう」
☆	・電流を、水車を回転させる水流の速さに置き換えて、イメージする。（視・論）　　　　　　　　　　　　　　　　水流　水車　　水車	「水は高いところから落ちてくるときの方が、威力がありますね」「水力発電でも高いところから水を流して、水車を速く回転させているんだよ」
	・太いストローで吸ったときと、細いストローで吸ったときで、どちらがたくさん吸えるかをイメージし、電流の通り道について考える。（内）	「シェイクを飲むとき、細いストローと太いストローでは、一度にたくさん吸えるのはどっちだろう」
	・電流（電気の粒）、電圧（電気の粒を押す）、抵抗（電気の粒を邪魔する）でロールプレイ。（身）	「細い通路は通りやすい？　押す力が大きいと通れるんじゃないかな。広い通路は通りやすいよね」

〔☆…一部の子どもは受け入れられないかも　★…受け入れられない子どもが必ずいるはず〕

図4-10　小5理科「電流」における8つの知能

■ 電流の強さをリズムで表す
1. 電圧、抵抗と電流の強さの関係
   ・電圧を水圧、抵抗をコックに、電流を水流に置き換える。水圧（水の高さ）やコックの閉め方によって、落ちる水滴の音の間隔が変わる。30秒間それに合わせて手拍子を打つ。

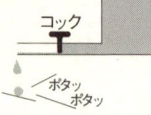

→ 音楽・リズム的知能

■ 実際に身体を使って電流について体感する
1. 電流
   ・厚紙でいろいろな幅の溝をつくり、同じ数のビー玉を流して流れ方の違いを実験する。
2. 回路
   1) 懐中電燈を分解して、部品を観察する。
   2) 自分でいろいろなつなぎ方の回路をつくり、比べる。

→ 身体・運動的知能

■ 文字から意味を想像する、働きを文で説明する
1. 電流
   ・「電」「流」という漢字に分けて「電流」の意味を考える。
2. 回路
   ・「直列は直線、並列は横並び」と字の意味から回路の特徴をつかむ。
3. 電流計
   ・電流計の使用説明書を書く。

→ 言語・語学的知能

■ 自分なりに電気について考える
1. 電気
   1)「フランクリン」「ボルタ」「エジソン」の伝記を読み、彼らの業績をたどりながら、電気の性質について考える。
   2) もしも、3日間停電になったらどうなるか考えてみる。自分だったらどのように対処するか考える。

→ 内省的知能

対人的知能

やり取りを通して回路について理解を深める

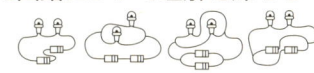

1. 回路
   1) いくつかの回路について、どの回路の豆電球が一番明るくなるのか、グループで話し合う。 → 他のグループの人に説明する。
   2) 回路の長さと電球が点灯しはじめる時間に関係があるかどうか、数人で予測を立て、その後実験してみる。

論理・数学的知能

電流について筋道を立てて考える

1. 回路
   - 豆電球や電池の数、つなぎ方を変えて電球の明るさを調べる。 → 調べた結果から考えられることが本当に合っているかどうか違う実験をして確かめる。
2. 豆電球
   - 切れた電球を振ると、「からから」と音がすることが多いことから、電球が切れるとはどういうことか予測を立てる。

博物学的知能

集めた情報を整理する

1. 回路
   - 豆電球、導線、乾電池を使って、豆電球がつく回路をつくる。さまざまに試してその結果をまとめ、仮説を立てる。

視覚・空間的知能

図や実物を見て仕組みを理解する

1. 回路
   1) 実物の回路を、記号を使った図に書き換える。
   2) 実物の回路と回路図を見比べて、どの部分がどの記号になったのかを考える。
   3) 電圧や電流を、水圧、水流に置き換えて、目に見える形でとらえる。

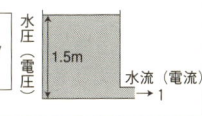

授業案④

学年	分野・単元
5年	消化器官

A−1：授業で扱う内容	A−2：A−1を学ばせるための工夫 （そのときに働きかけるMI）
①食べ物が消化されて吸収されることをつかむ	・「あこがれのバナナうんち」「お魚天国」などの歌を聞き、食べ物と体について考える。（音） ・食べたものは、体の中に入ってからどうなるのか数人で話し合う。（対）
②消化器官のつながり、全体像をとらえる	・消化器官の図を見て、気がついたことを数人であげていく。（視・対） ・2人組になり、ご飯を食べているときや食べた後に、おなかや口に耳をつけたり近づけたりして何か音がしているかどうか確かめる。（音・対）
③各消化器官の働きやつくりをつかむ ・消化液 ・つくり	・小腸の働きについて資料や写真などを使いながら説明し、働きやつくりなどを表にまとめる。（視・博） ・小腸の表面が柔突起になっている理由を考える。（論） ・グループで一人一消化器官を調べる。（内）→グループ全員で調べたことを共有し、グループのメンバー全員で消化器官について1つの紙にまとめる。（対）
④各消化器官の働きと、消化と吸収の全体の仕組みをとらえる	・グループで共有したことをふまえ、一人一器官の役割をして、消化の様子をロールプレイで表現する。（全員がそれぞれの消化器官の順番に並び、食べ物に見立てた3色の粘土の入ったボールを順番に送る。口の役の人は唾液を出し、でんぷんに見立てた粘土を糖に分解する）（身・対）

この回の授業で主軸として使っていくＭＩ

> 対人的知能

B：予想	C－1：A－2を受け入れられない子どもに対する違うＭＩを使った工夫	C－2：C－1を行うときの具体的な行動・ことば
★	・自分の経験を思い出しながら、食べ物が体の中に入ってどうなるか自分で予想する。(内) ・「消化」という漢字の意味から、食べたものがどうなるのか予想する。(言) ・ご飯をじっくりかんでみて、変化を感じる。(身)	「皆さんが食べたものは体の中に入ってからどうなるんだろうね。今までの自分の経験を思い出しながら考えてみよう」 「食べ物を消化すると言いますね。『消化』という字の意味から、食べたものがどうなるのか考えてみましょう」 「ご飯を口に入れて…かみながらどんな風になっていくか体験してみましょう。かみ心地や味は変化するのかな？」
☆	・消化器官の図を見ながら、自分の体を触って器官の場所を確認する。(身) ・体内の図の、食べ物が通る器官に色を塗る。また、食べ物は通らないが消化に関係する器官に違う色を塗る。(視)	「お腹が痛くなるのってどのあたり？」 「図を見ながら、自分の体のどのあたりか触ってみましょう」 「人体の内部の図を見て、食べ物の通り道に色を塗ってみましょう」 「食べ物は通らないけれど、消化に関係するところに違う色を塗ってみましょう」
☆	・小腸の長さを計算で求める。(論) ・ダンボールの中の芯をまっすぐに広げて、小腸の柔突起をイメージしてみる。(視・身)	「腸には大腸と小腸があり、腸の長さの約$\frac{4}{5}$が小腸です。腸全体の長さが6ｍの人の小腸は約何ｍでしょう」 「小腸はひだひだになっていて、そのひだにもさらに多くのでっぱりがあるんだよ。伸ばすとどれくらいになるか、ダンボールを使って試してみましょう」
☆	・調べたことをもとにして、消化器官の双六をつくる。ゲームのルールもつくる。(身・視・対・論) ・食べ物の立場から、食べ物が消化される様子を表すお話をつくる。(言)	「今回学んだことを使って、グループで消化器官の双六をつくってみましょう。ルールも自分たちでつくりましょう」 「昨日あなたが食べた食べ物があなたの体の中でどのように消化されていくか、想像してみてください。今日学んだことを使って、消化されていく様子を物語りにしてみましょう」

〔☆…一部の子どもは受け入れられないかも　★…受け入れられない子どもが必ずいるはず〕

図4-11　小5理科「消化器官」における8つの知能

■音やリズムを通して、消化について学ぶ
1. 消化器官
   1) 消化器官別に消化を音で表してみる。
   2) 体のリズムの中から消化器官に関係するものを見つける。
2. 消化
   ・「あこがれのバナナうんち」「お魚天国」など消化や栄養にまつわる歌をこの単元に入る前に聴く。

音楽・リズム的知能

■自分の体で確認しながら消化について学ぶ
1. 消化器官
   1) 熱いものを飲み、熱さが消化器官を伝わっていくのを感じる。
   2) 自分の体のどの辺にどの器官があるのか触りながら確認する。
2. 消化液
   ・ご飯やパンを時間をかけてかみつづけ、味が甘くなるのを体験する。

身体・運動的知能

■字の意味から消化について学ぶ
1. 消化器官
   1) 「十二指腸」「食道」などについて、漢字の意味からどのようなものか考える。
   2) 「たんのう」の「たん」と「のう」の意味を伝え、この2つの言葉からたんのうの役割を推測する。
2. 消化
   ・消化の仕組みについてことばで説明する。

言語・語学的知能

■自分の経験をもとに、消化について考える
1. 消化
   1) 何のために食べるのか、食べなかったらどうなるのか自分なりに考える。
   2) 食べたものは体の中に入ってからどうなるのか、これまでの経験をもとに自分で考えてみる。

内省的知能

対人的知能

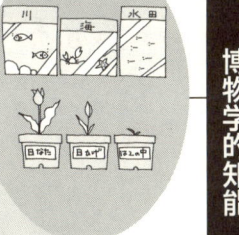

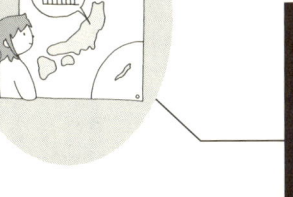

やり取りを通して消化について考える

1. 消化
   1) 消化の仕組みについて、数人で分担して調べたものを1つに合わせてまとめる。
   2) 食べ物を早く消化する方法について、数人でアイデアを出し合う。
2. 消化器官
   ・小腸や大腸のつくりについて、どのような特徴とメリットがあるのか数人で話し合う。

論理・数学的知能

論理的に消化について学ぶ

1. 計算
   1) 小腸の長さを計算してみる。
   2) 食べたものを消化するのにどれくらいの量の消化液が必要なのかを調べ、人間が1日に分泌している消化液の量を計算する。
2. 消化
   ・便秘が起こる理由について考える。

博物学的知能

整理・分類しながら消化について学ぶ

1. 消化器官
   ・消化器官と、消化液と、消化する食物を表に整理する。
2. 消化
   昼の献立を思い出し、それぞれの食品に含まれている栄養分をあげる。
   → その食品が消化される器官ごとに分類する。
   → 分解された結果できる物質ごとに分類する。

視覚・空間的知能

図や写真を使って消化について学ぶ

1. 消化器官
   1) 人体模型を使って、消化器官の位置と形を確認する。
   2) ダンボールの芯を広げたものと、そのままのものを見比べて、小腸の柔突起について学ぶ。
2. 消化
   1) 消化のプロセスをフローチャート図で表す。
   2) 消化器官の写真を資料集で見る。

3 算数における展開例

1──算数の特徴

> 算数を学ぶ目的は、子どもたちが日常のいろいろな事象について見通しを立てたり、論理的に考えたりする力を養うことです。算数ではこの力を「数論」「図形」「文章題」の三分野を通して育てていきます。
>
> 算数では、「数」の理解を背景にした計算力を養い、図形の基本的な性質を理解します。その上で、数や図形を素材として、規則性・対称性・類似性などのさまざまな関係に着目し、課題を解決する力を養います。また、算数全体を通して「筋道を立てて論理的に考える力」や「考えたことを状況に応じて適切に表現する力」も養います。

2──図形における授業展開「角度」（授業案⑤）

「図形」の分野から、「平面図形の角度」を学ぶのがこの授業の目的です。

《今回扱う内容》

平行線と角の関係

角とは何か

角と長さの関係

角の大きさ

分度器の使い方

平行と垂直とは何か

対頂角の性質

《この授業案の位置づけ》

　この授業案は、「図形」の分野の「三角形と角」を扱う単元の内容です。ここでは、角の概念と、回転の大きさとしての角をはかったり描いたりすることを学びます。これ以前の授業では、二等辺三角形や正三角形の概念や性質について学んでいて、これ以後の授業では、「三角形と角」のまとめを行います。

　★授業案⑤は220・221ページ、ＭＩホイールは222・223ページを参照してください。

3── 文章題における授業展開「速さ」（授業案⑥）

　「文章題」の分野から、「速さ」に関係する考え方と、課題を解決する方法を学ぶのがこの授業の目的です。

《今回扱う内容》

　　速さの意味を理解する
　　時間と道のりと距離の関係をつかむ
　　グラフを使った速さの考え方
　　平均の速さの考え方

《この授業案の位置づけ》

　この授業案は、「文章題」の分野の「単位量当たりの大きさ」を扱う単元の中の「速さ」をとり上げたものです。これまでの授業では、人口密度などを題材として単位当たりの量を実際に計算したり、単位量当たりの大きさの考え方をすることの有効性を学んでいます。この後、移動するものが複数になったり、移動する２つのものがすれ違ったり、追いついたりなど、複雑な条件を整理しながら取り組む課題を学びます。

　★授業案⑥は224・225ページ、ＭＩホイールは226・227ページを参照してください。

授業案⑤

学年	分野・単元
4年	角度

A－1：授業で扱う内容	A－2：A－1を学ばせるための工夫 （そのときに働きかけるMI）
①角とは何かをつかむ	・2つの辺の開き具合が角の大きさであることを伝えた上で、身の回りにあるいろいろな角を探し、その角の大きさを比べるにはどのような方法があるか考える。直接比較、間接比較、普遍単位の3つの方法を比べる。（博） ・長短さまざまな長さのロープを用意し、数人ごとにさまざまな大きさの角をつくる。辺の長さは角の大きさに影響しないことを実感する。（身） ・角の大きさをはかるには、何を調べればよいのか考える。（内）
②分度器を使う	・あらかじめ角がかかれた図を渡す。かかれた角度は、30度、45度、60度、90度。これらの大きさを、分度器を使ってはかる。（身） ・真っ白な紙に、30度、45度、60度、90度の大きさの角を、分度器を使ってかく。（身） ・120度と300度の大きさの角がかかれた図を渡し、分度器を使って角度をはかる。さらに、真っ白な紙に120度と300度の大きさの角を、分度器を使ってかく。（身）
③分度器を使わないで角度をとらえる	・分度器を使わないで、ひもと鉛筆のみで直角を作図する。（身） ・三角定規を組み合わせてできる角度にはどんなものがあるか想像する。（内）さらに、実際に組み合わせて調べる。（身） ・折り紙を切って三角形をつくり、分度器で3つの内角をはかり、その合計が180度になりそうだということを確認する。（身・視） ・三角形の内角の和が180度になる理由をことばで説明する。（言）

この回の授業で主軸として使っていくMI

身体・運動的知能

B：予想	C-1：A-2を受け入れられない子どもに対する違うMIを使った工夫	C-2：C-1を行うときの具体的な行動・ことば
☆	・下のような2つの三角形の角アと角イの大きさを調べ、角の大きさ・長さ・広さなどについてわかったことを数人で話し合う。(対)	「角アと角イの大きさは、どちらのほうが大きいと思う？」「角の大きさは、辺の長さや面の広さと何か関係があるかどうか、グループごとに集まって意見を出し合ってごらん」
☆	・なぜ、30度、45度、60度、90度の角をかいたのかを想像する。三角定規に関係があることを伝える。(内)	「どうして30度、45度、60度、90度の角をかいたのかわかるかな？ 適当に選んだ角度じゃないんだよ。ヒントは三角定規にあるよ」
☆	・分度器を使って300度の角をかく方法を、数人で話し合う。(対)	「分度器には180度までしかありませんが、工夫をすれば300度の角度も作図できます。その方法をグループごとに集まって意見を出し合ってごらん」
★	・三角定規の形には意味があることを伝える。(博)	「正三角形を2つに折ってぴったり重ねると、ほら！ 三角定規の形ができるよ！ 同じように、正方形を2つに折ってぴったり重ねると、ほら！ もう1つの三角定規の形ができるよ！」
	・三角形の内角の和をはかる方法を数人で考える。(対)	「分度器ではからなくても、三角形の3つの角の合計が180度だとわかる方法はないかな？ 集まって意見を出し合ってごらん」

〔☆…一部の子どもは受け入れられないかも　★…受け入れられない子どもが必ずいるはず〕

第5節　MIを活かした授業案の例——221

図4-12 小4算数「角度」における8つの知能

角度についてリズムで学ぶ
1. 角度
   ・時計を見ながら、秒針が30度、60度…と30度ずつ動くたびに、手を打つ。
2. 図形
   ・単元の初めに、「分度器の歌」を聞く。

音楽・リズム的知能

体験を通して角度を学ぶ
1. 角度
   1) ロープを用意し、体とロープを使ってさまざまな大きさの角度をつくり、角度と辺の関係を実感する。
   2) ロープと鉛筆だけを使って、直角を作図する。
   3) 分度器を使って教科書にかいてある図形の角度をはかる。
   4) 自分のげんこつの角度をはかり、げんこつを使って太陽の高度をはかる。

身体・運動的知能

ことばにすることで角度を理解する
1. 角度
   「度」を使うことばをさまざまあげ、どんなときに「度」ということばを使うか考える。 → 「角」「度」という漢字から「角度」の意味を考える。
2. 図形
   ・「三角形」とはどういう形か、ことばで説明する。

言語・語学的知能

自分なりのやり方で角度や図形を考える
1. 角度
   1) なぜ、30度、45度、60度、90度のような角度を扱うことが多いのか、考えてみる。
   2) 古代バビロニア人がどのように角度をはかったのかを読み、自分ならどのようにはかるか考えてみる。
2. 図形
   ・三角定規でどんな角度がつくれるか、自分なりにやってみる。

内省的知能

対人的知能 — 数人で協力しながら角度を学ぶ

1. 角度
   1) 数人で話し合いながら、角を二等分する方法をたくさん考え出す。
   2) 三角形の内角の合計をはかる方法を数人でたくさん考える。
   3) 分度器を使って、300度をかく方法を数人で考える。
   4) 大きい三角形と小さい三角形の角度の大きさを調べる。 → 角度と面積についてわかったことを数人で話す。

論理・数学的知能 — 理由を考えることで角度や図形を理解する

1. 錯角
   ・平行線の錯角が等しくなる理由を考える。
2. 角度
   ・円の1周が360度になった理由を考える。
3. 図形
   ・角度について習ったことを使い、三角形の内角の和が180度になる理由を考える。

博物学的知能 — 身の回りのものから角度を考える

1. 角度
   身の回りにあるいろいろな角度を見つける。 → 見つけた角度の大きさを比べる方法を考え、整理する。
2. 図形
   ・身の回りの平面図形を比べて、共通点を見つける。

視覚・空間的知能 — 目で確認しながら角度や図形を学ぶ

1. 平行
   ・教室の中にあるものから平行の関係にあるものを探す。
2. 角度
   1) 折り紙を何回か折り、でき上がった角度から同じ角度を探す。
   2) 線を数本かいて角をつくり、同じ大きさの角には同じ色を塗る。
3. 三角形
   ・折り紙を使って、三角形の内角の和が180度になることを確認する。

授業案⑥

学年	分野・単元
6年	速さ

A-1:授業で扱う内容	A-2:A-1を学ばせるための工夫 (そのときに働きかけるMI)
①速さとは何かをつかむ	・「速さ」と言われたら何が思い浮かぶかを各自考えて、ノートに書き出す。(内) ・「速い」と「早い」はどう違うのか、数人のグループをつくって話し合う。(言・対) ・教室の前から後ろまで、先生が速く歩くのと遅く歩くのを実演し、速さがどう違うのかをよく見る。(視)
②速さを比べる	・先生が歩いた後、子どもにも同じように歩かせ、先生の早歩きと子どもの早歩きの速さの違いを比べる方法(距離や時間をそろえる方法)を考える。(論) ・速さを求めるために必要なデータには何があるのかを考える。(論)
③速さを求める方法を考える	・「1分間に1km進む」のと、「1時間に60km進む」では、どんな違いがあるのかを数人のグループをつくって話し合う。(対・論) ・「時速70km」は1時間はからないと調べられないのかを数人のグループをつくって話し合う。(対・論)
④いろいろな速さを実感する	・身の回りで使われている速さにはどんなものがあるか、どういうときにどんな単位を使っているのかを表にまとめる。(博)→その後、単位を使い分けている理由を考える。(論) ・運動場に出て、子ども全員の50m走のタイムをはかり、それぞれ自分の速さを「km／時」で求める計算をし、速さを実感する。(身・論)

この回の授業で主軸として使っていくＭＩ

論理・数学的知能

Ｂ：予想	Ｃ－１：Ａ－２を受け入れられない子どもに対する違うＭＩを使った工夫	Ｃ－２：Ｃ－１を行うときの具体的な行動・ことば
☆	・速さを音で表す。（音）	「速さを音で表してみよう！　人間ならばタッタッタッとかスタタタタッというように表すことができるよね。馬だったらどう？　貨物列車は？　新幹線は？」
☆	・メトロノームを使い、先生と子どもが１回カチッというごとに１歩ずつ進む。（音）	「それでは、メトロノームに合わせて先生と〇〇さんが歩くね」「１回の『カチ』で歩く距離は同じだった？」 「今度は、メトロノームを気にしないで歩くね。メトロノーム１回分でどれくらい歩いていたか、後で教えてね」
☆	・「km／30分」という単位を使わない理由を考える。（論）	「時速は例えば"km／時"で表すよね。では、"km／30分"のようなものはどうしてないのかな？」
☆	・「時速３km、時速９km、時速18km」の速さで50mを走ると何秒かかるかを教室内で計算してから運動場に出て、全員に３段階の速さで50mを走らせ、速さの違いを実感させる。（博・身）	「50mを、例えば20秒とかの決められた時間で走るのは、なかなか難しいよ。ちょっとやってみよう。ではまず、50mを時速３km、時速９km、時速18kmで走るとそれぞれ何秒かかるか計算してみよう…」

〔☆…一部の子どもは受け入れられないかも　★…受け入れられない子どもが必ずいるはず〕

図4-13 小6算数「速さ」における8つの知能

速さについてリズムを通して学ぶ

1. 速さ
   1) メトロノームを使い、1回「カチ」という間に60cmずつ歩くということをやってみる。
   2) 「速さ」を音で表してみる（新幹線「ビューン」、貨物列車「ガタンゴトン」など）。

音楽・リズム的知能

体の動きで速さについて学ぶ

1. 速さ
   1) メトロノームを使い、1回「カチ」という間に60cm進む人と80cm進む人に離れたところからスタートしてすれ違ってみる。
   2) 50mを走るタイムをはかり、秒速、分速、時速だとどれくらいなのかをそれぞれ計算し、速度を実感する。

身体・運動的知能

ことばの意味から速さを学ぶ

1. 速さ
   1) 「km／時」という表記からどういう意味かを考える。
   2) 「速さの三公式」の覚え方を語呂合わせで考える。
      （例）「木の下のはげおやじ」
   3) 速さを表すことばをたくさんあげてみる。

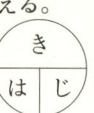

き	
は	じ

言語・語学的知能

自分なりの方法で速さについて考える

1. 速さ
   1) 「速さ」ということから自分が思い浮かべることを書き出してみる。
   2) 自分なりの方法で、自分が歩いた距離を測定する。
   3) 自分がどのようなときに速度の計算をしているか考えてみる。

内省的知能

対人的知能

アイデアを出し合いながら速さを学ぶ

1. 速さ
   1) 「時速70km」は1時間はからないと調べられないのかどうか話し合う。
   2) 「時速」で表せるものにはどんなものがあるか、ブレーンストーミングする。
   3) 「速さ」をはかる方法をたくさんあげる。

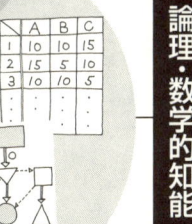

論理・数学的知能

速さについて論理的に考える

1. 速さ
   ・「km／30分」という単位を使っていない理由を考える。
2. 計算
   1) 実際に歩いた距離を、計算で出してみる。
   2) 1分間に1km進むのと、1時間に60km進むのではどんな違いがあるのか考える。
   3) 時刻表を使って、いろいろな乗り物の時速を計算する。

博物学的知能

身の回りの速さを整理・分類する

1. 速さ
   1) 身の回りで使われている速さを表す単位を見つける。 → どういうときにどの単位を使っているか、整理する。
   2) 身の回りにあるものを、似たようなスピードのものどうしで分類する。

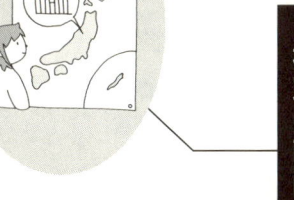

視覚・空間的知能

目に見える形で「速さ」をとらえる

1. 速さ
   1) 速さと時間と道のりの関係を図やグラフにする。
   2) 「距離÷速さ＝時間」「距離÷時間＝速さ」「時間×速さ＝距離」を図に表す。

$$\frac{き}{は \times じ}$$

第5節　MIを活かした授業案の例── 227

第6節 ワークシート集

1　国語の授業で論理・数学的知能を育てる

　読解力を育てていくためには、「言語・語学」知能の他に「論理・数学」知能および「視覚・空間」知能が必要です。段落の関係や指示語の理解にはさまざまな論理思考が含まれていたり、ことばの意味をイメージする力が必要だからです。ここでは、2つのワークシートを紹介します。ワークシート①、②は、「言語・語学」「論理・数学」「視覚・空間」知能を組み合わせたものです。

1──ワークシート①「あの子はどんな子？」

　ワークシート①は「あの子はどんな子？」というものです。生徒に好きなアニメーションやドラマの主人公を1人思い浮かべてもらい、その人の性格が表の項目にどの程度当てはまるかを考え、○をつけていくというものです。

　例えば、生徒が「ワンピース」というアニメーションの「ゾロ」という男性を思い浮かべたとします。彼は、ゾロの性格を表のことばに当てはめ、それぞれ5段階で評価していきます。表への記入が終わったら、結果となぜそう判断したのかについて具体的なエピソードを話してもらいます。表の性格を示すことばには、国語の単元で学んだ形容詞や動詞を組み込んでいきます。生徒は、表を埋める作業を通して新しいことばの意味を理解していくことができるのです。

　このワークの展開例として、教科書の登場人物の性格を数値化することが考えられます。

ワークシート①

あの子はどんな子？
（「言語・語学」「論理・数学」「視覚・空間」知能を組み合わせる）

　性格は、人間の特徴を示すものです。あなたが読んでいる小説や好きなアニメーションなどから1人の人物を選んでください。その人物の性格を下の表の当てはまるところにチェックしましょう。

性格	全くない・しない	ほとんどない・しない	ときどきある・する	よくある・する	いつもそうである
勇気がある					
人を大切にする					
おしゃべり					
淋しがりや					
プライドが高い					
がまん強い					
冒険好き					
自己中心的					
楽観的					
うそつき					
怠惰					
友好的					
甘えん坊					
大胆					
元気はつらつ					

Teacher created Materials（2004）より一部改訂

2——ワークシート② 「三匹のこぶたを狼から見ると？」

　このワークシートは、あるお話を反対の立場で書き直すというものです。相手の立場に立って状況を把握したり気持ちを考えたりするという「視覚・空間」知能、および当てはめるという「論理・数学」知能が応用されています。

　まず、「三匹のこぶた」の絵本を読みます。その後、生徒に狼の立場になってお話を書き直してもらいます。こぶたの立場で読んでいると狼はこぶたを食べようとする悪者です。ところが、狼の視点で書き直してみると、「狼はおなかがすいていた」「狼は肉食だから獲物が必要」「この狼は、ハンティングが下手らしい」「やっと見つけたこぶたたちにことごとくやっつけられてしまう」というかわいそうな狼像が出てくるのです。

　この活動を通して、生徒たちは「視点を変える」と同じ事実が異なって見えるということを学びます。その結果「けんか」や「いじめ」の場合に相手の言い分を聞きながら、相手の立場になってものごとを見直したり、考えたりできるようになるのです。

　このワークシートの応用は、さまざまな物語でできますが、年齢に応じて登場人物が少ないものから始めてください。低学年の場合は、童話や日本の昔話などを用いるといいでしょう。登場人物像がはっきりしているので、立場が整理しやすいためです。また、中学生・高校生の場合には親子関係や友情をテーマにした小説を用いて展開することができます。

　さらに発展させたい場合は「ロールレタリング」という手法もあります。これは、自分が父、母、友人などの立場になって、現在の自分に向けて手紙を書くというものです。内省を深めるために矯正教育でも使われています。

ワークシート②

三匹のこぶたを狼から見ると？
（「言語・語学」「論理・数学」「視覚・空間」知能を用いた展開）

　三匹のこぶたの物語を読みましょう。その後、あなたが狼の立場に立って、この話を書き直してください。

● プロットの設定のヒントになる質問

　（「論理・数学」知能を使うときは考え方を提示していくことが大切）

1．狼は最初どこにいましたか？　そのときどんな状態だったでしょうか？

2．狼はこぶたたちがつくっている家を見て、どう思ったでしょう？
　　1）わらの家のとき、思ったこと、考えたこと
　　　　また、なぜそう思った、考えたのでしょう？

　　2）木の家のとき、思ったこと、考えたこと
　　　　また、なぜそう思った、考えたのでしょう？

　　3）レンガの家のとき、思ったこと、考えたこと
　　　　また、なぜそう思った、考えたのでしょう？

3．狼がこぶたたちにやられるとき、狼の目にこぶたたちはどんな風に映っていたでしょう？　絵にかいてみましょう。

4．狼の気持ちになって、3でかいた絵にせりふを入れてみましょう。

2　算数の授業で論理・数学的知能を育てる

　算数や数学がわかるようになるには、論理性が必須です。しかし、公式を活用するには「概念知識」として公式を理解しなくてはなりません。これには、公式を定義する「言語・語学」知能や、公式の仕組みを理解するための分析、組み合わせという「論理・数学」知能が必要になります。また、文章題を的確に理解するには、文章を映像化や図式化させる「視覚・空間」と「論理・数学」知能が必要になります。

　分析したり考えたりすることが好きな生徒は、自分で公式を導き出そうとしたり、既存の公式に興味を示しますが、多くの生徒は、公式を「手続き知識」として記憶して使っているようです。

　「論理・数学」知能を伸ばすためには、小学生で視覚教材を用いて規則を見つけることの楽しさに重点を置きます。一方、中学生では考えることで思考が刺激される楽しさを体験できるようにします。2つの例を紹介しましょう。

1――ワークシート③「これだれの？」規則性の学習

　ワークシート③は、絵に隠された数字のヒントを関連づけていくものです。生徒は、子どもの絵と乗り物の絵を見て、だれがどれを持っているかを当てていきます。教材が、子どもの絵と乗り物の絵という見慣れたものですから生徒は不安感なく取り組みます。

　また、ヒントに「数」が焦点化されていますから、絵の中にあるものの数をいろいろ数えながら「数」に関する記憶の扉にアクセスしていくのです。手や足の数は3人とも同じですから、決め手にはなりません。次第に「3人の絵で異なる数は何だろう？」と比較を始めます。ただし、子どもだけを見ていると関連づけができません。なぜなら、このワークシートには、「視点を変える」という要素も

含まれているからです。

　視点を下の乗り物に移してみると、タイヤの数が異なることに気づきます。キックボードのタイヤは4つ、自転車は2つ、ローラーブレードは8つです。この数字に関係するものを上の3人の絵から探していけば、答えは出るわけです。

　このように、生徒が興味を持って取り組む活動を通じて伸ばしたい知能を組み込んでいき、最後に次のようにことばで考え方をまとめてあげてください。

> ステップ1：何を探すか、問題をよく読む。
> ステップ2：全体を見る。
> ステップ3：ヒントを読んで数字を探す（考え方の公式を使う）。
> ステップ4：別の方向からも考えてみる。

　これは、算数の文章題を解く場合の基本的な方法なのです。

ワークシート③

これだれの？（小学生）
（「視覚・空間」「博物学」知能を用いて教える）

下の絵の3人はそれぞれあとの**ア〜ウ**の物を持っています。だれがどれを持っているのか、考えてください。

ヒント：それぞれの子どもや物に数がかくれています。

ア　　　　イ　　　　ウ

2——ワークシート④「暗号を解け！」規則性の学習

　ワークシート④は、数字を記号化する練習です。中学生になるとx、y、zを用いた関数計算を学びます。具体的な数字が入っているときは簡単に解けた計算が、記号になるとわからなくなる生徒も多いでしょう。このワークシートは、方程式に入る前の導入として記号化の楽しさを体験するためのものです。数字をローマ数字に置き換えるという「代入」および「組み合わせ」を学ぶためにTeacher Created Materialsが開発しました（2004）。

　ワークシートは、見慣れた数字の変換から始まります。最初から難しいと取り組みたくなくなるからです。まず一番左の列の数字を見ると、時計で見慣れた数字があります。それを元に一桁の数字は変換できます。ところが、見慣れているだけに数字が一対一対応している生徒の場合、応用がききません。2列目に入ると、15までは1桁目にXをつけたものであるとわかりますが、40、50、60には異なる記号Lが現れます。規則がわかっていないと読み取ることが難しくなっていきます。混乱を生じた生徒には、1の位を用いて規則性を確認します。Ⅰ、Ⅱ、Ⅲまでは1、2、3とⅠが増えていく。ⅣはVよりⅠ前ということでV－Ⅰつまり5－1＝4となることに気づけば、50にLが登場したときに同じように考えることができます。新しいLを中心に「それより前なら引き算」「それより後ろにあれば足し算」という規則がわかれば、XL＝L－Xつまり50－10＝40となるわけです。この規則に気づけば、100の位も同様に解くことができます。

　一見難しそうに見えても「なーんだ」と謎解きの後のほっとした感覚を体験させるのに適したワークです。この他、237ページの文献に年齢の発達に応じたワークシートが多数紹介されていますので参考にしてください。

ワークシート④

暗号を解け！（中学生）
（数学を「言語・語学」知能を用いて教える）

次の表には、規則があります。数字と記号の間にどのような関係があるかを考えてみましょう。

```
I    = 1      XI   = 11     C    = 100
II   = 2      XII  = 12     CCD  = 300
III  = 3      XIII = 13     CD   = 400
IV   = 4      XIV  = 14     D    = 500
V    = 5      XV   = 15     DC   = 600
VI   = 6      XX   = 20     CM   = 900
VII  = 7      XL   = 40     M    = 1000
VIII = 8      L    = 50     MC   = 1100
IX   = 9      LX   = 60
X    = 10     XC   = 90
```

練習1 次の数字を記号にしてください。

2 = (　　　)　　4 = (　　　)　　9 = (　　　)
13 = (　　　)　　26 = (　　　)　　48 = (　　　)
111 = (　　　)　　467 = (　　　)　　668 = (　　　)
1107 = (　　　)　　1545 = (　　　)　　2000 = (　　　)

練習2 次の記号を数字にしてください。

XVII = (　　　)　　XXVIII = (　　　)　　LXIV = (　　　)
LV = (　　　)　　CI = (　　　)　　XCIX = (　　　)
MCMXCV = (　　　)　　MCDXCII = (　　　)
MXXV = (　　　)　　DCXXIV = (　　　)
CCXXII = (　　　)　　CMXLVII = (　　　)

練習3 数字と記号の間には、どんな規則性が見つかりましたか？

Teacher Created Materials (2004) より一部改訂

ワードウォールを活用した教室の様子

写真提供：Forestdale School　無断転載不可

参考文献
Armstrong, T.（2002）「You're Smarter Than You Think」Free Spirit Publishing
Goldfluss,M.S.Ed.ed（2004）「The Best of Multiple Intelligences Activities」Teacher Created Materials Inc.
Teacher Created Materials 編（2004）「Multiple Intelligence Activities（Grade K-4),（Grade 5-8)」Teacher Created Materials Inc.
Teacher Created Materials 編（2004）「Writing Lessons Using the Multiple Intelligences」Teacher Created Materials Inc.
ジェニ・ウィルソン／レスリー・ウィング・ジャン 著　吉田 新一郎 訳（2004）「『考える力』はこうしてつける」新評論
日本言語技術教育学会早稲田支部 著　市毛 勝雄 編（2002）「論理的思考力を育てるドリル〈第1集〉『国語教育』スペシャル版」明治図書出版

謝　辞

　著者は、2001年にボストン郊外にあるMinuteman Regional School 、およびSolomon Lewenberg Middle School を訪問して以来、すっかりＭＩの魅力に取りつかれました。
　これまでも、さまざまな教育機器を使いこなしたり、自由な発想で独特の授業展開をしているアメリカの学校には数多く出会ってきましたが、日本の普通教室で実施するのは難しそうなものが多かったのです。ところが、前述の２校は、ＭＩと州が規定する学習指導要領をみごとに融合させながら、学校組織や教室づくり、生徒が主体的に取り組む授業や教材づくりなどを展開していました。
　ちょっとした工夫で授業や教室の雰囲気が変化するだけでなく、学力向上にも効果をあげていました。ＭＩを活用する前には、生徒の多くは州が指定する進級テストにぎりぎりの点数で合格していたのですが、ＭＩを授業に活用するようになって、標準以上の成績で合格する生徒が増えていったのです。また、学校や学級の環境、雰囲気が変わり居心地がよくなりました。自分の脳のバランスに合わせた授業が展開されるので、授業がわかるようにもなりました。「勉強は苦痛だ」「授業が長い」と感じて授業中に立ち歩いたり、寝ていた生徒たちが、「おもしろそう」「できそう」と自分から授業に参加するようになり、不登校の生徒も徐々に減っていきました。現在では不登校ゼロであり、進学や就職への意欲も高まっています。
　ＭＩを用いた授業や学校づくりの取り組みを日本の教育現場に伝えたいと思っていたところ、幸いにも2002年度文部科学省の「子ど

もの心の教育アクションプラン」の一環として、アメリカの教育（啓発・矯正・特別支援）で最先端の取り組みを行っている専門家や先生方を日本に招聘できることになりました。全国から集まった教員やスクールカウンセラー、福祉施設、矯正施設の方々などに対して、両校の先生方からワークショップや学校での模擬授業を通じてＭＩを実践的に伝えていただきました。以来、著者自身もさまざまな研修会でＭＩについて紹介してきました。また、大学の教職課程の授業においてＭＩを用いた授業展開を学生に指導したり、現場で実践してくださる先生方との協力を積み重ねながら、日本の学校でＭＩを活用できる方法を模索してきました。

　そのような状況の中で、ＭＩを教科の授業に取り入れようと最初に試みたのが、今回の協力者である日能研です。日能研では、子どもたちが生き生きと学習するためのプロジェクトをいくつも試みていました。単なる暗記学習ではなく、自ら考えたり、発見したり、実践したりする力を子どもたちにつけるためです。

　そこで、著者は日能研の教職員に対する脳科学の研修を担当し、2004年には教職員がＭＩを用いて授業を進めるためのマニュアルの作成に協力しました。この日能研の取り組みに興味を持った小・中学校の先生方から、どのように授業で活用したらよいかを学びたいという要請が高まってきていました。このような経緯から、ＭＩを活かした授業案の例として、本書の第４章で日能研の授業プランを紹介しています。

　2005年９月、本格的にＭＩを展開するために、ＭＩ理論の創始者であるガードナー博士にお会いしました。日本での授業の様子をお伝えして、ＭＩを日本の風土に合う形で展開するためのさまざまな教材の開発や授業案の作成について相談しました。ガードナー博士は、日本でのＭＩの展開を快く承諾してくださいました。それがき

っかけになり、本書の発行の運びとなった次第です。

　本書のために、貴重な授業プランを提供していただきました（株）日能研の方々には、心からお礼を申し上げます。また、小学校での現場実践に関しては、品川区立三木小学校の先生方に多大なご協力をいただきました。研修会に参加された三木小学校の荒川先生からＭＩを現場で実践したいという申し出をいただき、授業の組み立て、ＭＩホイールづくりから研究授業までを協力して実施することができました。その過程や成果は本書の第3章などで具体的に紹介しています。ＭＩの教室風景や授業の様子を伝えるために、来日して小学校での授業実践やさまざまな資料提供を行ったり、日本の専門家らの訪問研修を受け入れてくださった冒頭の2校およびForestdale Schoolの先生方にも心より感謝いたします。

　また、ＭＩを活用した体裁の本にしたいという著者のさまざまな要望に応えてくださったみくに出版編集部の皆様や、文章をイメージ化して生き生きとしたイラストをちりばめてくださいました、クリエーションアカデミーの皆様に心よりお礼申しあげます。関係者のＭＩがフルに活用されて本書が編集されたわけです。

　本書を読まれた方が、ＭＩを活用した授業づくりの楽しさに気づき、生徒が生き生きとする授業が展開されていくことを心から願っております。

2006年5月

　　　　　　　　　　　　　　　　　　　　　　　　　　本田恵子

著者のその他の書籍・教材

● **書籍**

『キレやすい子の理解と対応』(2004、第4版) ほんの森出版　1890円
TEL03－5754－3346　http://www.honnomori.co.jp

● **教材**

① 「ＳＳＴカード」(2004) 本田恵子・鈴村眞理著　8400円
② 「ＳＳＴボードゲーム　なかよしチャレンジ―ぎくしゃくした友達関係を楽しくする力を育てるゲーム」(2006) 本田恵子編著　鈴村眞理著　8400円
③ 「ＳＳＴボードゲーム　フレンドシップアドベンチャー―自分らしい友達づくりができる力を育てるゲーム」(2006) 本田恵子監修　石川玲子・熊本エリザ著　8400円
④ 「表情ポスター」(2003) 鈴村眞理・本田恵子監修　2100円
⑤ 「表情カード」(2005) 鈴村眞理・本田恵子監修　2940円

上記の教材は以下の会社で販売されています。
株式会社クリエーションアカデミー　TEL03－3974－6123
http://www.meltcom.co.jp

←ＳＳＴカード

ＳＳＴボードゲーム→
フレンドシップ
アドベンチャー

※価格はすべて税込みです。

脳科学を活かした授業をつくる
子どもが生き生きと学ぶために

2006年6月1日　初版第1刷発行
2013年3月1日　　　第2刷発行

著　　者	本田恵子
執筆協力	日能研
本文イラスト	クリエーションアカデミー（横 春賀）
発　　行	C.S.L.学習評価研究所
	〒222-0033　神奈川県横浜市港北区新横浜2-13-12
発 行 人	高木幹夫
発　　売	みくに出版
	〒150-0021　東京都渋谷区恵比寿西2-3-14
	電話　03（3770）6930
	http://www.mikuni-webshop.com
編集協力	バンティアン
カバーデザイン	グラフィクス　アンド　デザイニング（G&D）
本文デザイン	エッジ・デザインオフィス
印刷・製本	サンエー印刷

©2006 Keiko Honda Printed in Japan
落丁・乱丁はお取り替えいたします。
定価はカバーに表示してあります。

ISBN978-4-8403-0271-5　C0037